L'EUROPE DE DEMAIN

H.-G. WELLS

L'EUROPE DE DEMAIN

(Traduit de l'anglais par Suzanne Mazereau)

ÉDITIONS PIERRE LAFITTE

90, AVENUE DES CHAMPS-ÉLYSÉES

PARIS

L'EUROPE DE DEMAIN [1]

I

LA PRÉVISION DE L'AVENIR

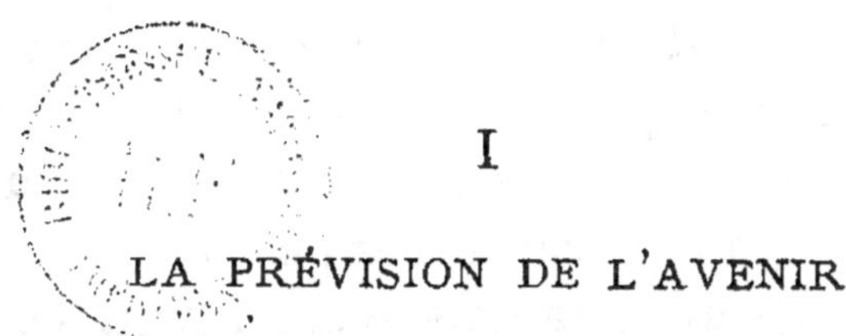

LA prophétie peut être soit un simple jeu intellectuel, soit une occupation sérieuse ; sérieuse non seulement dans ses intentions, mais dans ses conséquences : car c'est le sort des prophètes, qui effraient ou désappointent leur monde, que d'être lapidés. Mais pour quelques-uns d'entre nous autres modernes, dont s'est emparé l'esprit de la science, prophétiser est presque une habitude d'esprit.

La science est, pour une grande part, de l'analyse dirigée vers la prévision. La pierre de touche de toute loi scientifique est la vérifi-

1. *Note des éditeurs.* — Nous prions le lecteur de vouloir bien prendre en considération que les textes de cet ouvrage ont été écrits *à la fin de l'année 1915 et dans les premiers mois de l'année 1916.* Il constatera aisément combien l'auteur avait vu juste dans le cycle de ses prophéties, dont beaucoup sont devenues depuis d'émouvantes réalités.

cation que nous pouvons faire de ses anticipations. La discipline scientifique développe l'idée que tout ce qui va arriver est, en fait, *déjà là*, si seulement on pouvait le voir. Et quand on est pris par surprise, la tendance n'est pas de dire, avec ceux qui n'ont pas reçu cette discipline : « Eh bien ! qui est-ce qui aurait cru ça ? », mais : « Voyons, qu'est-ce donc qui nous avait échappé ? ».

Tout ce qui a jamais existé, tout ce qui existera jamais est *là* à l'heure actuelle, pour quiconque a des yeux pour voir. Mais certaines d'entre ces choses exigent pour les découvrir des yeux d'une pénétration plus qu'humaine. D'autres sont évidentes ; nous sommes presque aussi sûrs de la venue de la Noël prochaine, des marées de l'année 1960, et de la mort avant l'an de grâce 3000 de tous les gens vivants à l'heure actuelle, que si tout cela s'était déjà produit. A un niveau inférieur, mais encore très élevé, de certitude, se trouvent des choses comme celles-ci : qu'on fera sans doute en 1950 des aéroplanes d'un modèle perfectionné, ou que Bombay sera relié par train direct à Constantinople et à Bakou avant un demi-siècle. Et, partant de degrés de certitude comme ceux-ci, on peut descendre l'échelle jusqu'à ce qu'on atteigne le mystère le plus obscur de tous, le mystère de l'individu humain. L'Angleterre va-t-elle bientôt produire un grand génie militaire ? Que diront M. Belloc ou Lord Northcliffe après-demain ?... Le champ de recherches le plus accessible pour le prophète est le firmament ; le plus inaccessible, c'est le secret des imprévisibles caprices de la cervelle humaine. Quelle sera la conduite d'Un Tel et qu'en pensera la Nation ? C'est pour des questions de ce genre que nos conjectures doivent se faire le plus subtiles.

Cependant, même à de telles questions, l'homme d'esprit vif et observateur peut s'aventurer à répondre, avec un peu plus d'une chance sur deux de tomber juste.

L'auteur qui vous parle est un prophète de vieille expérience. Demain l'intéresse plus qu'aujourd'hui, et le passé n'est pour lui qu'un instrument de conjectures sur l'avenir. « Songez aux hommes qui ont passé là ! » disait un touriste dans le Colisée de Rome. Ce fut un esprit futuriste qui répondit : « Songez à ceux qui y passeront ! » A coup sûr, le fait que demain tel homme, fondateur de la République mondiale, tel autre, adversaire obstiné du militarisme ou du respect des lois, ou tel qui mettra le premier en liberté l'énergie atomique

pour l'usage des humains, se promèneront le
long de la Via Sacra, offre autant d'intérêt
que le fait que Cicéron, Giordano Bruno ou
Shelley s'y sont promenés jadis. Pour un
esprit prophétique, toute l'histoire est et continuera d'être un prélude. Le type d'esprit
prophétique se refuse obstinément à considérer
le monde comme un musée ; il soutient que
c'est une scène disposée pour un drame qui
commence perpétuellement.

Or, cette tendance à la prédiction a conduit
l'auteur non seulement à publier un livre de
prophéties mûrement réfléchies, appelé *Anticipations*, mais aussi à répandre — presque
sans préméditation — un certain nombre de
prophéties plus ou moins évidentes dans ses
autres ouvrages. Cela fait maintenant vingt
ans en tout qu'il écrit, si bien qu'il est possible de contrôler une certaine proportion de
ses anticipations d'après les faits accomplis.
Il a quelquefois visé juste, et mis remarqua-
blement près de ce centre de cible qu'est la
réalité ; il a souvent mis dans le cercle noir,
souvent dans le cercle extérieur ; et quelquefois il a fait chou blanc. Maintes choses dont
il avait parlé par anticipation sont maintenant
des lieux communs solidement établis. Il y
avait encore en 1894 quantité de sceptiques

au sujet de la possibilité pratique des automobiles ou des aéroplanes ; ce n'est qu'en 1898 que M. S. P. Langley (du *Smithsonian Institute*) put envoyer à l'auteur une photographie d'un « plus lourd que l'air » tenant l'air pour de bon. Il y avait des articles dans les périodiques de l'époque *prouvant* que l'aviation était impossible.

Une des réussites les mieux venues de l'auteur fut une description (dans ses *Anticipations*, en 1900) de la guerre de tranchées, et d'une stagnation correspondant presque exactement à la situation après la bataille de la Marne. Et il eut la main heureuse (dans le même ouvrage) en traçant les limites du rôle des sous-marins. Il devança d'un an Sir Percy Scott dans ses doutes au sujet de la valeur décisive des grands navires de guerre (voir *An Englishman looks at the World*) ; et c'était une solide opinion que la sienne lorsqu'il niait la décadence de la France ; lorsqu'il mettait en doute (avant le conflit russo-japonais) la grandeur de la puissance russe, qui était encore en ce temps-là le loup-garou des Anglais ; lorsqu'il faisait de la Belgique le champ de bataille d'une lutte prochaine entre les Puissances de l'Europe centrale et le reste de l'Europe ; et aussi (à ce qu'il croit) lorsqu'il prédisait une Pologne renaissante. Bien avant que l'Europe fût familiarisée avec la séduisante personnalité du Kronprinz, il représentait de grands dirigeables survolant l'Angleterre (laquelle avait trop manqué d'initiative pour en construire aucun) sous le commandement d'un certain prince Karl, étrangement prophétique ; et dans *The World Set Free*, le dernier trouble-paix est un certain « Renard balkanique ».

Mais lorsqu'il déclarait çà et là qu' « avant telle année telle chose arriverait », ou que « telle chose ne se produirait pas avant vingt ans », il avait généralement tort ; la plupart de ses évaluations de temps sont fausses. Par exemple, il prédisait l'existence avant 1910 d'une route spéciale pour autos, distincte de la grand'route, entre Londres et Brighton, et la chose est encore à l'état de rêve ; mais, par ailleurs, il doutait que l'aviation militaire efficace et les combats aériens fussent possibles avant 1950, ce qui est une erreur dans l'autre sens. Il jettera modestement un voile sur certaines erreurs encore plus grandes que les oisifs pourront trouver pour leur propre plaisir dans ses livres ; il préfère compter les réussites et laisser la supputation des coups manqués à ceux que cela peut amuser.

Bien entendu, ces prophéties de l'auteur furent établies sur une base de connaissances très générales. Ce qu'on peut obtenir par l'investigation vraiment soutenue d'une question spéciale — surtout si c'est une question d'ordre essentiellement mécanique — on le voit dans l'ouvrage d'un Français trop négligé par la trompette de la Renommée, Clément Ader. M. Ader fut probablement le premier à lancer un appareil qui fît dans l'air autre chose qu'un simple bond. Son *Éole*, comme le certifie le général Mensier, parcourut 50 mètres après le premier bond dès 1890. En 1897, son *Avion* volait bel et bien (c'était un an avant la date de la première photographie que je possède, de l'aéropile de S. P. Langley en équilibre dans l'air). Mais ceci ne nous concerne pas pour le moment. Ce qui est intéressant ici, c'est qu'en 1908, alors que l'aviation était encore chose presque incroyable, M. Ader publia son *Aviation militaire*. Eh bien! il y a de cela huit ans, voilà maintenant un an qu'on se bat dans les airs, et rien n'a encore été fait que M. Ader n'ait prévu, — rien à quoi nous n'eussions pu être préparés si nous avions eu la sagesse de l'écouter. Maintes choses prédites par lui attendent encore leur inévitable réalisation. Tant est grande la clarté avec laquelle les hommes de savoir adéquat et de raisonnement solide pénètrent les années à venir en ce qui concerne toutes ces questions de développement matériel.

Mais ce n'est pas du développement des inventions mécaniques que l'auteur se propose de traiter pour le moment. Dans ce livre, il a l'intention de risquer certaines prédictions sur la marche des événements dans les quelque dix années qui vont suivre. Les nouveautés d'ordre mécanique joueront probablement un très petit rôle dans cette histoire de demain. Cette guerre mondiale implique un arrêt général d'invention et d'initiative sauf pour ce qui est de la science de la guerre. Toutes les capacités sont concentrées sur ce point, et les types de capacités qui ne sont pas applicables à la guerre sont négligés ; le capital est détruit sur une vaste échelle, et l'épargne est gaspillée qui serait nécessaire pour subventionner les tentatives nouvelles. De plus, nous sommes en train d'anéantir la plupart de nos jeunes hommes les plus brillants.

On peut admettre en toute sécurité qu'il y aura très peu de matériel nouveau sur la scène du monde pendant un temps considérable ; que, si les routes, les chemins de fer

et la navigation subissent de grands changements, ce sera pour le pire ; que l'architecture, les commodités domestiques et le reste
auront de la chance s'ils en sont en 1924 au
même point qu'au printemps de 1914. Dans
les tranchées de France et des Flandres, et
sur les champs de bataille de Russie, les
Allemands ont dépensé et ont fait dépenser au
monde le prix du confort, du luxe et du progrès
de vingt-cinq années à venir. C'est leur goût, et
les goûts ne s'expliquent pas. Mais le résultat est que, alors qu'en 1900 l'auteur pouvait
écrire ses *Anticipations de la réaction du
progrès du machinisme sur la vie et la
pensée humaines*, en 1916 ses anticipations
devront appartenir à un tout autre système de
déductions.

Les lignes générales des faits matériels que
nous avons sous les yeux sont nettes. Ce sont
les faits d'ordre mental que nous avons à
démêler. La question n'est plus : « Quelle
chose concrète, quelle facilité nouvelle, quel
accroissement de pouvoir, vont se présenter,
et comment affecteront-ils notre façon de
vivre ? » La question est : « Comment les gens
vont-ils prendre toutes ces choses trop évidentes : le gaspillage des ressources du
monde, l'arrêt du progrès matériel, l'héca-

tombe d'une grande partie des individus mâles de presque toutes les contrées européennes, et les deuils et le malheur universels? » Ici nous allons avoir affaire à des réalités à la fois plus intimes et moins accessibles que les effets du machinisme.

A titre de reconnaissance préalable, pour ainsi dire, de cette région de problèmes que nous avons à attaquer, examinons les difficultés d'une question unique, qui est aussi une question vitale et centrale dans cette prévision. Nous n'essayerons pas de donner une solution complète dans ce chapitre, parce qu'il devra laisser de côté un trop grand nombre de facteurs; plus tard, peut-être serons-nous mieux placés pour ce faire. Cette question est celle des chances d'établissement d'une paix mondiale durable.

Au début de la guerre il y eut parmi les intellectuels du monde entier un immense espoir que cette guerre pourrait résoudre la plupart des problèmes internationaux en suspens, et se trouverait être la dernière guerre. L'auteur, jetant un regard par-dessus l'abîme d'expérience qui nous sépare de 1914, se souvient de deux pamphlets dont les titres mêmes proclament ce sentiment : *La guerre qui mettra fin aux guerres* et : *La paix du monde.* — Est-ce que l'espoir formulé en ces mots était un rêve ? Est-ce qu'il est déjà démontré que ce n'était qu'un rêve ? Ou bien pouvons-nous lire entre les lignes des communiqués, des arguties diplomatiques, des menaces et des accusations, des querelles politiques et des récits de souffrance et de cruauté qui remplissent actuellement nos journaux — pouvons-nous lire de quoi justifier encore l'espoir que ces tragiques années de douleur universelle ne sont que l'ombre qui précède l'aube d'un jour meilleur pour l'humanité ? Manions un peu ce problème à titre d'examen préliminaire.

En réalité, ce que nous examinons ici c'est le pouvoir de la raison humaine de l'emporter sur les passions, et certaines autres forces restrictives et mitigeantes. Il n'y a guère de doute que si l'on pouvait recueillir les votes de l'humanité entière sur la question de savoir s'il ne vaudrait pas mieux ne plus jamais avoir de guerre, une majorité écrasante se prononcerait pour la paix universelle. S'il était bien entendu qu'il s'agit de guerre du type moderne et mécanique, avec raids aériens, explosifs à haute puissance, gaz asphyxiants et sous-marins, la réponse ne fait aucun doute. « Que la paix soit avec nous, Seigneur ! », telle est plus que jamais la prière commune à toute la chrétienté ; et les artisans de guerre eux-mêmes prétendent être des artisans de paix ; l'empereur d'Allemagne n'a jamais flanché dans son assertion qu'il a encouragé l'Autriche à envoyer à la Serbie un inacceptable ultimatum, et qu'il a envahi la Belgique, parce que l'Allemagne était attaquée. L'Empire Krupp-Kaiser, nous assure-t-il, n'est pas un aigle mais un agneau à deux têtes, qui se rebiffe contre les tondeurs et les égorgeurs. Les apologistes de la guerre sont une minorité qui ne leur laisse pas d'espoir ; un certain nombre d'Allemands-Prussiens, qui trouvent la guerre excellente pour l'âme, et les bonnes dames du *Morning Post* de Londres, qui trouvent la guerre excellente pour les manières des classes ouvrières, sont de rares voix discordantes dans le chœur général contre la guerre. Si le simple désir de paix, sans base solide et sans coordination, suffisait à se réaliser lui-même, ce serait la paix, et une paix durable, dès demain. Mais, en fait, la paix n'est pas encore là, et il n'y a pas encore de perspective bien nette d'une paix universelle durable à la fin de cette guerre.

Quels sont donc les obstacles, et quels sont les antagonismes qui s'opposent à la mise en œuvre de ce dégoût universel de la guerre et de cet universel désir de paix, pour l'établissement d'une paix mondiale?

Prenons-les en ordre, et il nous sera très vite évident que nous avons affaire ici à un délicat problème quantitatif de psychologie, à une constante pesée de forces contradictoires pour voir laquelle l'emporte. Nous avons affaire à des influences si subtiles que les hasards de quelque événement frappant et dramatique, par exemple, peuvent les orienter dans un sens ou dans l'autre. Nous avons affaire à la volonté humaine, et là est le piège qui menace les pas du prophète désireux d'impartialité. Il est difficile pour un prophète de ne pas éclater en exhortations selon le mode des prophètes d'Israël.

La première difficulté qui entrave l'établissement d'une paix mondiale est celle-ci : que ce n'est l'affaire de personne en particulier. Presque tous, nous voulons une paix mondiale, en « amateurs ». Mais il n'y a ni une ni des personnes spécifiquement désignées pour prendre les initiatives. Le monde est une solution sursaturée de désir de paix, et il n'y a rien autour de quoi la solution puisse se cristalliser. Il n'y a personne dans le monde entier à qui incombe la tâche de comprendre et de vaincre les difficultés soulevées. Il y a bien

plus de gens, et bien plus d'intelligence, appliqués à la fabrication des cigarettes ou des épin-
gles à cheveux, qu'il n'y en a d'appliqués à
l'établissement d'une paix mondiale permanente. Il y a quelques secrétaires extraordinaires aux gages d'Américains philanthropes,
et c'est à peu près tout. On n'a même rien mis
de côté en vue des émoluments de ces honorables messieurs quand la paix universelle serait
atteinte. Il est à prévoir qu'ils perdraient leur
place.

Presque tout le monde veut la paix ; presque
tout le monde serait heureux d'agiter dès
maintenant un drapeau blanc avec une colombe
dessus — à condition que l'ennemi ne fasse de
cette démonstration aucun usage malhonnête
— mais il n'y a, en fait, personne qui réflé-
chisse aux arrangements nécessaires, personne
qui fasse, à beaucoup près, autant de propagande pour apprendre au monde ce qu'il faut
qu'il sache, qu'on en fait pour vendre telle ou
telle marque fameuse d'automobiles. Nous
avons tous à nous occuper de nos affaires personnelles. Et on n'obtient pas les choses simplement en les désirant ; on les obtient en tâ-
chant de les obtenir, et en écartant tout ce qui
empêche de les obtenir.

Telle est la première grande difficulté : le

prétendu mouvement pacifiste est tout à fait vague et superficiel.

Il l'est tellement que la masse des gens ne conçoivent pas même la toute première condition de la paix mondiale. Le mouvement en question n'a pas réussi à leur en faire prendre une conscience nette. S'il doit y avoir une paix mondiale permanente, il est clair qu'il faut qu'il y ait quelque moyen permanent de régler les différends entre puissances et nations qui, sans cela, seraient en guerre. C'est-à-dire qu'il faut qu'il y ait quelque pouvoir supérieur, quelque centre d'arbitrage, une cour suprême d'un genre quelconque, un pouvoir exécutif universellement reconnu en sus et au-dessus des gouvernements séparés qui existent dans le monde à l'heure actuelle. Cela ne veut pas dire que ces gouvernements aient à disparaître, ni qu'il faille renoncer à l'idée de « nationalité », ni rien d'aussi radical. Mais cela veut dire que tous ces gouvernements auront à abandonner presque autant de leur autonomie que les États autonomes qui constituent les Etats-Unis d'Amérique en ont abandonné au Gouvernement fédéral ; si leur unification doit être autre chose qu'un vain mot, ils auront à déléguer à qui de droit le contrôle de leurs relations internationales, dans des proportions que peu d'es-

prits sont préparés à concevoir à l'heure actuelle.

Il est vraiment tout à fait vain de rêver d'un
monde sans guerre, composé d'États restés
parfaitement libres de se taquiner l'un l'autre
en établissant des douanes, en bloquant et en
étranglant les artères commerciales, et en mal-
menant les immigrants et les voyageurs étrangers ; d'États entre lesquels il n'y aurait nul
moyen de régler les querelles de frontière. Et
puis, comparé à la situation des États-Unis
d'Amérique, le cas éventuel des « États-Unis
du monde » présente une complication de plus :
presque tous les grands États d'Europe sont
en possession, premièrement, de territoires de
race et de langue étrangères, ayant une certaine
complexité organique, tels que l'Égypte ; et,
deuxièmement, de territoires barbares et moins
développés, tel que la Nigeria ou Madagascar.
Il n'y aura rien de stable dans une organisation mondiale qui ne détruira pas dans ces
« possessions » les privilèges accordés aux nationaux des métropoles, et qui ne prendra
pas ses mesures en vue de l'accession
immédiate ou éventuelle de ces peuples sujets
au rang d'États. Mais des milliers de gens
intelligents dans ceux des grands pays européens qui se croient ardemment désireux de

paix mondiale, seront effarés par toute proposition de placer quelque partie que ce soit de « notre Empire » sous une direction mondiale, en tant que territoire des États-Unis d'Europe. Tant qu'ils ne cesseront pas d'être effarés par ce genre de choses, leurs aspirations vers une paix permanente resteront séparées du courant général de leur vie. Et ce courant coulera, soit lentement, soit rapidement, vers la guerre. Car ces « possessions » sont essentiellement, comme les douanes, l'occupation stratégique des pays neutres ou les traités secrets, des formes du conflit qui existe entre les nations dans le but de s'évincer et de se dominer l'une l'autre. Laisser subsister ce genre de choses en même temps qu'on fait des vœux contre la guerre, ce n'est pas vraiment essayer de conjurer le conflit ; c'est essayer de le maintenir en limitant son intensité ; c'est comme si on essayait de jouer au hockey sous condition que la balle ne roulera jamais à plus de 12 kilomètres à l'heure.

Et ce qui met obstacle à une paix mondiale permanente n'est pas seulement le fait que la grande majorité des hommes n'est pas préparée à concevoir les corollaires même les plus évidents d'une telle idée ; mais il y a aussi une seconde difficulté invincible, et c'est qu'en aucun lieu du monde il ne se trouve aucune personne, aucune catégorie d'individus, aucune organisation, aucune idée, aucun noyau, aucun germe, qui pourrait donner naissance au « Super-Gouvernement » nécessaire. Nous demandons quelque chose qui nous tombe du ciel, qui sorte du néant, et qui s'attirera forcément la résistance de tous ceux qui ont la direction — ou dont les intérêts sont engagés dans la direction — des affaires des États autonomes du monde, telles qu'elles sont à l'heure actuelle ; la résistance d'un gigantesque tissu d'organisations gouvernementales, d'intérêts, de privilèges et de préjugés. En face de cela, il y a des chances pour qu'une aspiration vague et acéphale, si universelle soit-elle, reste tout à fait stérile.

On peut suggérer que le tribunal de La Haye est vraisemblablement le germe de cette autorité toute-puissante et de cette cour suprême qu'exige la paix du monde ; mais en fait le tribunal de La Haye n'est qu'une simple machine automatique légale. Il ne fait rien si on ne le met en mouvement. Il n'a pas d'initiative. Il ne proteste même pas contre les plus flagrants outrages infligés à ce fantôme de conscience mondiale qu'est la loi internationale.

Les pacifistes, dans leur recherche d'un point

de départ bien défini autour duquel puisse se cristalliser la prédisposition générale à la paix, ont proposé le Pape et diverses organisations religieuses comme bases possibles à l'organisation de la paix. Mais un tel début n'offrirait aucune attraction pour la majorité non-chrétienne de l'humanité ; et en elle-même la suggestion révèle une ignorance profonde de la nature des églises chrétiennes. A l'exception des Quakers et de quelques sectes russes, nulle secte et nulle Église chrétienne n'a jamais répudié la guerre ; la plupart d'entre elles se sont détournées de leur chemin tout exprès pour la sanctionner et la bénir.

C'est une affirmation vraiment par trop téméraire de gens dont la sentimentalité dépasse le savoir, que le Christianisme est un essai de réalisation des enseignements personnels du Christ. Ce n'est rien de tel, et aucune autorité ecclésiastique ne soutiendra cette théorie. Le Christianisme — plus spécialement depuis qu'a été établi l'ascendant de la doctrine trinitarienne — fut et demeure une religion théologique ; c'est la religion qui prit le pas sur l'Arianisme, le Manichéisme, le Gnosticisme et autres semblables ; elle est basée non pas sur le Christ, mais sur des croyances à elle propres ; à vrai dire, le Christ n'est pas même son symbole ;

au contraire, le symbole choisi par le Christianisme est la croix à laquelle le Christ fut cloué
et sur laquelle il mourut. Ce fut pour une
grande part une religion des légions. Ce fut le
guerrier Théodose qui, plus que tout autre individu pris en particulier, l'imposa à l'Europe.

Il n'y a donc aucune raison, fournie par le
précédent ou par les credos, pour attendre que
les églises prennent franchement la tête dans
cette tâche formidable d'organiser et de rendre
efficace le vaste désir de paix du monde. Et,
même si tel était le cas, on peut se demander
si l'on trouverait parmi les prêtres et les digni-
taires du Vatican, parmi les Églises officielles
de Russie ou d'Angleterre, ou parmi telle autre
des multiples sectes chrétiennes, la puissance
et l'énergie, le savoir et les capacités, ou même
la bonne volonté, nécessaires pour négocier
quelque chose d'aussi vaste que la création d'une
autorité mondiale.

On a suggéré un autre point de départ possible. Ce n'est pas un grand tour de force pour
une imagination naïve que de se représenter
le président de la Confédération suisse ou le
président des États-Unis — car ces deux systèmes sont des exemples modèles et encoura-
geants de la possibilité d'une synthèse pacifique d'États indépendants — se mettant à faire

de la propagande et proposant l'extension de leur propre système aux belligérants harassés. Mais rien de semblable ne se produit. Et quand on en arrive à examiner les conditions de vie de ces deux présidents, on découvre que ni l'un ni l'autre n'est, plus que quiconque, libre de s'embarquer dans la tâche de créer une organisation du monde dominatrice d'États et préventive de guerre. Chacun d'eux a été créé par un système, et est lié à un système ; ce qui le regarde, ce sont les intérêts des gens de Suisse ou des États-Unis d'Amérique. Le président Wilson, par exemple, est très suffisamment occupé par les affaires de la Maison-Blanche, par les heurts des partis politiques, par les interventions nécessaires au sujet du commerce américain transocéanique et de la sécurité des citoyens américains. Il n'a pas plus de temps à consacrer aux projets de remaniement complet des relations internationales, que n'en a telle recrue dans un camp d'instruction d'Angleterre, tel capitaine de paquebot sur l'Océan, ou tel chauffeur responsable d'une locomotive en marche.

Nous sommes tous, en fait, absorbés par les choses qui se présentent à nous quotidiennement. Nous avons tous l'anxieux désir d'une paix mondiale permanente, mais nous sommes tous plongés jusqu'au cou dans des choses qui ne nous laisseront pas le temps de nous occuper de cette paix mondiale que presque tout homme équilibré désire.

Pendant ce temps-là, une petite minorité de gens qui vivent de conflits — militaristes, souverains et hommes d'État ambitieux, adjudicataires de l'armée, lanceurs d'emprunts, journalistes à l'affût du sensationnel — poursuivent leurs intérêts et déclenchent et entretiennent la guerre.

Telle est la réalité paradoxale de cette question. Notre première investigation nous amène à élucider le pourquoi de cette situation sans issue. Presque tout le monde désire une paix mondiale, et cependant il ne se montre nulle part aucun homme libre et capable de l'établir, et résolu à l'établir ; tandis que, d'autre part, il y a un nombre considérable de gens dans des situations tout particulièrement influentes et puissantes, qui s'opposeront certainement aux arrangements indispensables pour l'établissement de ladite paix.

Mais, est-ce que cela épuise la question, et devons-nous conclure que l'Humanité est vouée à un perpétuel et futile antagonisme entre États, nations et peuples — antagonisme éclatant constamment en guerres ? La réponse à cela serait sans doute : oui, n'était le perfectionnement de la guerre. La guerre devient de jour en jour plus scientifique, plus destructive, plus froidement logique, plus impitoyable pour les non-combattants, plus engloutisseuse de toute espèce de propriété. Il y a toutes raisons de croire qu'elle continuera à intensifier ces caractéristiques. Ce faisant, il se peut qu'elle amène bientôt un état de choses qui fournira les éléments mêmes qui nous manquent et dont nous avons besoin pour la création d'une paix mondiale. J'oserai suggérer que la présente guerre est en train de le faire dès maintenant ; qu'elle est en train de produire dans les cerveaux humains des changements qui pourront nous fournir, sous peu, et l'énergie nécessaire et l'organisation nécessaire, d'où sortira peut-être une autorité mondiale.

Ce qui distingue tout d'abord ce conflit, c'est la façon exceptionnellement féroce dont il s'acharne contre le bonheur humain. Nulle guerre n'a jamais détruit le bonheur sur une aussi vaste échelle. Elle n'a pas seulement tué ou blessé une proportion sans précédent de la population mâle de toutes les nations belligérantes, mais elle a détruit de même la richesse, au delà de tout précédent. Elle a aussi détruit la liberté de mouvement, la liberté de parole, la liberté d'entreprise économique. Presque aucun mortel n'a échappé à son tourment et à sa menace. Elle n'a laissé presque aucune vie indemne, et elle n'a rendu presque aucune vie plus heureuse. Le principe que « l'affaire de tout le monde n'est l'affaire de personne » a des limites. L'établissement d'un État mondial, qui n'intéressait avant la guerre que quelques visionnaires, est devenu maintenant sujet de vif intérêt pour un très grand nombre de gens. Ils cherchent à se renseigner sur ce sujet; ils sont devenus accessibles aux idées qui s'y rapportent.

L'organisation de la paix semble vraiment suivre la même marche que les mesures d'hygiène publique. Tout le monde en Angleterre, par exemple, trouva fastidieuse la discussion de l'hygiène publique — jusqu'à la grande épidémie de choléra. Tout le monde pensait que la santé publique était chose désirable, mais personne ne la croyait être chose désirable intensément et par-dessus tout. Et puis, l'intérêt qu'on prenait à l'hygiène publique s'aviva, et on se mit en devoir de créer des organisations responsables. De même, les crimes de violence furent négligés dans les grandes villes de l'Europe jusqu'au jour où le danger prit des proportions — d'où sortit la police. Il arrive des occasions où la concentration normale de l'individu sur ses affaires personnelles et immédiates devient impossible ; par exemple, lorsqu'un commerçant occupé à faire son inventaire dans ses entrepôts, découvre que la maison d'à côté est en feu. Bon nombre de gens qui n'avaient jamais tourmenté leur cerveau de quoi que ce soit en dehors de leurs intérêts purement personnels et égoïstes, sont en train de s'apercevoir que toute une multitude de maisons brûlent autour d'eux et que l'incendie s'étend.

Voici donc un changement que la guerre amènera et qui favorisera la paix mondiale : l'intérêt général plus vif que suscite sa possibilité. Un autre est le fait certain que la guerre augmentera le nombre des gens dévoués et fanatiques disponibles pour un effort désintéressé. Quelles que soient les autres conséquences que cette guerre puisse avoir, elle comporte, pour l'avenir immédiat, une période de dislocation politique et économique extrême. Le système financier a été et sera encore surmené, et exigera des remaniements sans précédent. Dans le passé, des phases d'incertitude, d'appauvrissement soudain et de désordre telles que celle qui se prépare certainement pour nous, ont

conduit un nombre considérable d'esprits à
s'affranchir — ou, si l'on veut, à s'évader — de
la routine et de l'égoïsme. Des tempéraments
de religiosité intense, de dévouement et d'énergie, sont alors mis en liberté, et plus que
jamais il y a des chances pour que nous trou-
vions bientôt ce qu'il est encore impossible de
trouver : une quantité d'hommes et de femmes
dévoués, prêts à consacrer leur vie entière, avec
un enthousiasme quasi-religieux, à cette grande
tâche d'instaurer la paix ; trouvant dans ce travail impersonnel un refuge contre les désap-
pointements, les étroitesses, les deuils et les
douleurs de leur vie personnelle ; refuge dont
nous n'avons guère besoin dans des périodes
plus stables et plus prospères. Ceux-ci ne
seront que les figures de premier plan d'une
renaissance universelle. Et, en même temps
que cet avivement de l'imagination collective
produit par l'expérience, d'autres évolutions
sont en train de se faire qui annoncent très
nettement un changement, sous la pression de
cette guerre, dans ces institutions mêmes de
la nationalité, de la royauté, de la diplomatie
et de la concurrence internationale, qui ont
jusqu'ici entravé de la façon la plus efficace
la pacification universelle. Les considérations
qui semblent annoncer ce troisième chan-

gement sont, à mon avis, très convaincantes.

La vraie cause immédiate qui, je le crois, renversera l'obstacle qui jusqu'ici a fait d'une cour suprême et d'un gouvernement fédéral pour le monde entier un simple rêve, réside précisément dans cette possibilité de « paix boiteuse » que tant de gens semblent craindre. L'Allemagne, je le crois, sera battue, mais non complètement écrasée dans cette guerre; elle restera militariste, alliée à l'Autriche-Hongrie, et essentiellement identique à elle-même; et c'est de cet état de choses que sortira, je le crois, l'espoir d'une ultime confédération de toutes les nations de la terre.

Car, en face d'une ligue des puissances de l'Europe centrale essayant de récupérer, nourrissant l'idée de revanche, rêvant d'une reprise des hostilités, il devient impossible pour les Anglais, les Français, les Belges, les Russes, les Italiens et les Japonais, de songer désormais à régler leurs différends l'un avec l'autre par les armes. S'ils le font, ce sera donner une belle chance au rétablissement intégral du militarisme allemand. Ce sera ouvrir la porte à une hégémonie allemande définitive. Or, quelque maladroite et confuse que soit la diplomatie des alliés actuels (provoquée constamment comme elle l'est par la démocratie et entravée par une presse libre, vénale et irresponsable dans trois au moins des pays alliés), la nécessité dans laquelle ils se trouveront sera si pressante et si évidente qu'il est impossible de concevoir qu'ils n'établissent pas quelque organe permanent pour la direction et la coordination de leurs relations internationales communes. Ce sera peut-être au début un corps bizarrement constitué ; il se peut qu'il se trace un rôle purement diplomatique ; il se peut qu'on l'appelle du nom de « Congrès » ou de quelque autre nom suranné ; mais essentiellement son rôle sera de diriger une politique (financière, militaire et navale) collective, de maintenir la paix dans les Balkans et en Asie, de nouer des rapports avec la Chine et d'organiser des arrangements d'arbitrage collectifs et séparés avec l'Amérique. Et il faudra qu'il se crée des méthodes plus sûres et plus rapides que notre diplomatie actuelle. Un de ses principaux soucis sera le droit de passage à travers le Bosphore et les Dardanelles, et la surveillance des forces qui fomentent les conflits dans les Balkans et le Levant. Il faudra qu'il ait l'unité nécessaire pour cela, il faudra que ce soit beaucoup plus qu'une simple conférence de représentants, atermoyeuse et sans autorité.

Pour des raisons tout analogues, je ne puis croire qu'éclate jamais un conflit durable entre les deux grandes puissances de l'Europe centrale. Elles aussi seront forcées de créer un corps tout-puissant pour prévenir un tel suicide. L'Amérique aussi peut-être créera quelque équivalent pan-américain. Sans doute les cent millions d'habitants de l'Amérique latine pourront-ils réaliser une méthode d'unité, pour traiter ensuite de pair à compagnon avec les États-Unis actuels. On a déjà plaidé cette cause avec talent dans l'Amérique du Sud. Quelles que soient les apparences de souverainetés séparées qui seront maintenues après la guerre, la conséquence pratique du conflit sera vraisemblablement celle-ci : qu'il n'y aura plus que trois grandes puissances du monde : les Alliés anti-allemands, les Alliés de l'Europe centrale, les pan-Américains. Et il est à remarquer que, quels que puissent être les éléments constitutifs de ces trois puissances, aucune d'elles n'a de chances d'être une monarchie. Elles pourront contenir des monarchies, comme l'Angleterre contient des duchés. Mais elles seront des *alliances* toutes-puissantes, et non des *chefs* tout-puissants. Je laisse au mathématicien à calculer exactement de combien les chances de conflit sont diminuées quand il n'y a plus en fait que trois puissances dans le monde au lieu de plusieurs douzaines. Et ces nouvelles Puissances seront par certains côtés différentes de tous les « États » européens existant à présent. Aucune des trois puissances ne sera assez petite et assez homogène pour servir des ambitions dynastiques, incarner une « Kultur » nationale ou raciale, ou tomber sous l'emprise d'un groupe d'entreprises financières. Elles seront plus amples, moins romantiques, infiniment plus pratiques. Ce seront, pour employer une formule suggérée il y a environ un an, de *Grands-États*.... Et la menace de guerre entre eux trois sera si nette et si définie, les conséquences du conflit seront soulevées tellement au-dessus des sphères de l'ambition personnelle et du sentiment national, que je ne vois pas pourquoi l'instrument de négociation, la conférence permanente des trois puissances, ne deviendrait pas, en fin de compte, le noyau nécessaire de l'État mondial, que nous demandons en vain, à l'heure actuelle, aux quatre coins du monde.

Plus d'un chemin mène à cet État mondial, et cette seconde perspective d'une conférence consécutive à la guerre, d'une conférence des Alliés se transformant presque insensiblement

en une organisation pacifique du monde, —
parce qu'elle a son point de départ dans les
institutions actuelles, parce qu'elle n'a à aucun
degré cette qualité de rupture nette avec le
passé qu'implique l'idée d'un État mondial et
d'une *Pax Mundi* immédiats, parce que, surtout, elle ne cherche point à abolir et n'a rien
qui puisse choquer profondément princes, diplomates, légistes, hommes d'État et politiciens, nationalistes et gens méfiants, auxquels
elle accorde des années pour évoluer, disparaître et reparaître sous de nouvelles formes;
et parce qu'en même temps elle s'acquerra
l'appui de tous les gens intelligents qui débar-
rasseront suffisamment leur esprit de préjugés
pour comprendre son importance — cette
perspective est un espoir beaucoup plus plausible que l'espoir de quoi que ce soit qui sorti-
rait *de novo* d'institutions à l'instar de La Haye
ou de la logique évidente de la guerre.

Mais, comme il est juste, ces espoirs sont
contre-balancés par la possibilité que les puissances alliées soient trop hétérogènes, trop
partiales, trop débiles d'intelligence et d'imagination pour rester unies et maintenir aucune
institution en vue de leur coopération. Il se
peut que la presse anglaise soit trop stupide
pour ne pas fomenter l'irritation et la méfiance;

il se peut que nous ayons du « Carsonisme » à grande échelle, exploitant la résurrection des haines moribondes ; il se peut que les diplomates anglais et russes se jouent de mauvais tours, par la simple force de l'habitude. Il se peut qu'il y ait bien des accrocs de ce genre. Même alors je ne vois pas que l'espoir d'une paix mondiale ultime s'évanouisse. Mais ce sera une paix mondiale à la romaine, une paix mondiale *made in Germany*, et il faudra plusieurs grandes guerres encore avant qu'elle soit établie. L'Allemagne est encore trop homogène pour avoir commencé d'apprendre la leçon du compromis et la renonciation au rêve de la conquête nationale. Les Allemands sont un peuple national, et non impérial. La France, elle, a été instruite par la souffrance, et l'Angleterre et la Russie par le fait que, pendant deux siècles, elles ont été des systèmes impériaux et non nationaux. La conception allemande de la paix mondiale est encore une conception de domination allemande. La conception des Alliés devient nécessairement une conception de tolérance mutuelle.

Mais je ne conduirai pas cette investigation plus loin pour le moment. Ceci est, comme je l'ai dit au début, une exploration préliminaire d'une des grandes questions que je me propose de manier dans ces pages. La solution possible que j'ai esquissée est celle qui s'impose à moi comme la plus probable. Après un examen plus détaillé des immenses forces d'évolution qui sont à l'œuvre en ce moment dans le monde, nous serons peut-être en mesure de reviser ces suggestions avec plus de sûreté, et de resserrer quelque peu le filet jeté sur les probabilités de l'avenir.

II

LA FIN DE LA GUERRE[1]

L E prophète dont cette guerre consacre le plus glorieusement la réputation est Bloch. Il doit y avoir quinze ou seize ans que ce Polonais de talent écrivit sa prévision de l'Avenir. Peut-être y a-t-il davantage, car la traduction française de son livre date certainement d'avant la guerre boer. Sa thèse était qu'une guerre entre antagonistes à peu près égaux doit nécessairement se terminer par l'immobilisation des forces en présence : ceci à cause de l'efficacité défensive sans cesse croissante de l'infanterie en tranchées. L'avantage ainsi conféré au parti de la défensive sur

1. Ce chapitre était à l'origine un article de journal. Il fut écrit en décembre 1915 et publié vers le milieu de janvier 1916. Un certain nombre de ses anticipations sont maintenant passées dans le domaine des faits accomplis. Mais je ne vois pas qu'il nécessite pour cela aucune modification importante.

la stratégie la plus brillante et la plus forte
supériorité numérique devait décourager tout
projet d'agression, et Bloch concluait que la
guerre avait fait son temps.

On étudia son livre avec grand soin en
Allemagne. Humble disciple de Bloch, j'au-
rais dû m'en rendre compte, mais je ne le fis
point; et cette lacune me conduisit à faire
certaines prophéties malheureuses au début
de la guerre. Je jugeais l'Allemagne d'après
le Kaiser, et d'après l'idolâtrie du Kaiser
telle que je l'avais vue à Berlin. Je me disais
que ce théâtral personnage rêverait de vastes
attaques en masse et de formidables charges
de cavalerie, et conduirait l'Allemagne à se
faire écraser contre les positions défensives
des Alliés sur le front occidental — écraser si
complètement que la guerre serait finie du
coup. Je n'appréciais pas à sa valeur l'Allemagne plus réfléchie, plus solide, qui allait
combattre sous le Kaiser et bientôt le relé-
guer au second plan, l'Allemagne contre
laquelle nous luttons à présent, l'Allemagne
de 1915, l'Allemagne Ostwald-Krupp et C°.
Cette Allemagne, on peut s'en rendre compte
maintenant, avait lu, médité et résolu le « problème Bloch ».

Une traduction de Bloch en français exis-

tait également. En Angleterre, une partie de
son livre fut traduite pour le gros du public et
publiée avec une préface par Mr W. T. Stead,
mort récemment. Il ne semble pas que cette
traduction soit parvenue jusqu'aux autorités
militaires anglaises ; aussi bien ne fut-elle
pas publiée en Angleterre dans un but d'instruction. En tant qu'œuvre d'imagination, on
l'aurait considérée comme futile et sans application pratique.

Mais il est évident à présent que si la frontière belge et la frontière française avaient
été convenablement préparées — comme on
aurait dû le faire lorsque les Allemands cons-
truisirent leurs chemins de fer stratégiques —
et munies de tranchées, d'emplacements pour
les canons, et de voies ferrées en double et
en triple, les Allemands n'auraient jamais
pénétré de cinquante kilomètres en France,
ni en Belgique. Ils auraient été tenus en échec
à Liége et dans les Ardennes. Cinq cent mille
hommes les auraient maintenus indéfiniment.
Mais les Alliés n'avaient jamais résolu le
problème de la guerre de tranchées ; ils n'y
étaient pas préparés, les Allemands le savaient,
et il est de toute évidence que c'est là-dessus
qu'ils tablèrent. Ils ne considéraient pas les
Alliés comme des soldats modernes — et il

est clair à présent qu'ils avaient raison. Ils se préparaient à combattre une armée de 1900 avec une armée de 1914, et tout leur plan de campagne du début fut basé sur la conviction que les Alliés n'auraient pas recours aux tranchées.

Quelqu'un a déclaré — dans ces étonnantes maximes venues du fond des âges, qui semblent constituer la principale lecture de nos spécialistes militaires — qu'une armée qui s'installe dans les tranchées est une armée perdue. Cet axiome stupide fut répété à satiété dans les journaux anglais après la bataille de la Marne. Cela montre exactement où en était notre science militaire en 1914; elle en était restée à l'année d'avant la publication du livre de Bloch.

Les Alliés, donc, battirent en retraite. Pendant de longues semaines, ils se replièrent, évacuant l'ouest de la Belgique, évacuant le nord de la France, et pendant plus d'un mois ce fut une guerre mobile et fluide — comme si Bloch n'avait jamais existé. Les Allemands ne faisaient pas la guerre selon le « type 1914 », mais selon le « type 1899 » dans lequel l'attaque directe, le mouvement enveloppant, etc., étaient encore considérés comme possibles ; ils luttaient, se fiant à leur supériorité numérique écrasante, à la brusquerie préméditée de leur attaque, aux méthodes improvisées de leurs adversaires. Durant la période de guerre toute « victorienne » qui dura jusqu'au milieu du mois de septembre 1914, ils frappèrent leur coup, prirent le dessus, furent contre-attaqués avec succès sur la Marne ; et puis, brusquement — déloyalement presque, pensèrent les Anglais imbus de leurs conceptions sportives — ils se mirent à jouer la partie selon les règles les plus récentes de 1914. La guerre ne se modernisa qu'à la bataille de l'Aisne. C'est alors que commença le second acte du grand drame.

Je ne crois pas que les Allemands s'attendaient à ce que la guerre se modernisât si tôt. Ils s'imaginaient, je le crois, qu'ils bouteraient les Français hors de Paris, atteindraient les rives du Pas-de-Calais avant la fin de l'année 1914, creuseraient alors leurs tranchées, commenceraient les attaques de sous-marins et de zeppelins contre l'Angleterre, avec Calais comme base d'opérations, et termineraient la guerre avant le printemps de 1915, laissant les Alliés encore en retard d'une bonne quinzaine d'années.

A mon avis, la bataille de la Marne fut la bataille décisive de la guerre, parce qu'elle déjoua cette combinaison. Et je considère que le reste de la lutte en 1914 fut constitué par l'effort des Allemands pour réédifier leurs plans démolis, en présence d'un ennemi dont les méthodes de combat allaient se modernisant de plus en plus. Avant décembre, Bloch, qui avait semblé complètement discrédité en août, se trouva justifié intégralement. A ses pieds, le monde était tapi sous terre. Avant mai, la science militaire retardataire des Anglais avait suffisamment rattrapé les événements pour se rendre compte que le shrapnell n'était plus aussi important que les explosifs à haute puissance ; et avant qu'une année fût écoulée, nos chefs conservateurs, mais nullement incapables d'adaptation, comprenaient l'importance des mitrailleuses — mise en lumière sous toutes ses faces par les écrivains imaginatifs quinze ans auparavant.

Depuis cette première tentative des Allemands pour « enlever » la victoire — tentative admirablement combinée et parfaitement justifiable (au point de vue militaire s'entend) — la guerre a consisté presque uniquement en vains efforts de part et d'autre pour tourner, forcer ou dépasser la situation prédite par Bloch. Il n'y a eu qu'un seul succès marquant, celui des Allemands en Pologne, dû à la disette des munitions russes. Pendant un certain temps, la guerre fut alors mobile et incertaine sur le front oriental, tandis que les Russes se repliaient vers leurs positions actuelles, et que les Allemands les poursuivaient en essayant de les envelopper. Ce fut un retour temporaire aux méthodes d'avant Bloch. A présent les Russes sont de nouveau retranchés, ravitaillés de nouveau ; les convois de ravitaillement des Allemands ont à faire un trajet plus long ; et Bloch est remonté sur son piédestal, pour ce qui est du théâtre oriental de la guerre.

Bloch a été justifié de même dans la tentative anglo-française de mouvement tournant dans la péninsule de Gallipoli. Les forces de l' « India Office » se sont frayé un chemin vers Bagdad à travers un pays non préparé, et se retranchent maintenant en Mésopotamie : mais, à prendre la guerre dans ce qu'elle a d'essentiel, c'est un incident trop lointain pour être considéré comme une solution du problème d'immobilisation ; de même, la perte des colonies allemandes et la guerre est-africaine entrent à peine en ligne de compte dans l'ensemble de la guerre. Elles n'ont pas de valeur déterminante. Reste le conflit balkanique. Mais le conflit balkanique est quelque chose d'autre, quelque chose de nouveau dont il faut traiter à part. C'est une guerre de trahison, de vantardise et de faux dehors. Ce n'est pas une partie, c'est une suite de la « guerre immobile » de 1915.

Mais avant de nous occuper de cette nouvelle transformation de la guerre dans la seconde moitié de l'année 1915, il est nécessaire de considérer certains aspects généraux de la « guerre immobile ». Il est évident que les Allemands espéraient s'assurer une victoire décisive avant de se heurter à Bloch. Mais, comptant avec Bloch, comme ils le faisaient sûrement, ils espéraient pourtant que, même dans le cas où la guerre se ferait souterraine, il leur serait encore possible de mettre en œuvre des inventions nouvelles qui neutraliseraient suffisamment Bloch pour leur assurer une paix victorieuse. Et de fait, la puissance inattendue de leur artillerie et sa concentration soudaine, leurs explosifs à haute puissance, leurs gaz asphyxiants, leur système bien réglé de lancement de grenades et de pose de mines, leurs projections de gaz enflammés, et, par-dessus tout, leur fabrication de munitions, organisée sur une vaste échelle pour nourrir leur effort, tout cela leur donnait une chance très raisonnable de se frayer un chemin à travers les forces ennemies.

Pour répondre à ces innovations longuement préparées, il a fallu que les Alliés improvisent ; et, somme toute, leur improvisation a satisfait aux exigences des circonstances. Ils ont modernisé leur science militaire, et, aujourd'hui, la dissemblance entre les antagonistes au point de vue de la science comme au point de vue du matériel, a beaucoup diminué. Il a été impossible, en fin de compte, d'éluder Bloch, et l'immobilisation ne peut maintenant se terminer — à moins d'une paix soudaine — que par une chose : l'épuisement à des degrés divers de tous les combattants, et l'accablement final du plus épuisé. Il nous faut écarter une fois pour toutes de nos prévisions l'idée d'une apothéose définitive selon le modèle traditionnel, d'une entrée triomphale à Londres, Paris, Berlin ou Moscou. La fin de cette guerre sera une affaire de négociation entre des antagonistes à peu près immobilisés et extrêmement délabrés.

Il est, naturellement, un autre aspect du « problème Bloch » auquel les Allemands au moins ont songé. S'il est impossible de tourner ou de forcer la situation, reste la possibilité de la survoler. Le chemin des airs est libre.

Cette idée a certainement trouvé prise sur les cerveaux français, mais la France a eu trop à faire, et elle est de tempérament trop économe pour consacrer de grosses sommes à ce qui n'est forcément qu'une tentative. Les Anglais sont trop conservateurs et trop sceptiques pour être les pionniers d'une entreprise de ce genre. Les Russes ont manqué des ressources nécessaires en ouvriers mécaniciens et en matériel. Les Allemands seuls ont fait un effort soutenu pour atteindre leurs ennemis à travers les airs par delà la zone des hostilités. Leurs raids de Zeppelins contre l'Angleterre ont fait preuve d'une efficacité toujours croissante, et il est plus que probable qu'ils seront renouvelés sur une échelle beaucoup plus vaste avant la fin de la guerre. Il est très possible aussi que les Allemands soient en train de préparer une force accessoire de grands aéroplanes pour coopérer à ces attaques. La longueur des côtes anglaises, l'impuissance où l'on se trouve de les munir complètement et dans toute leur étendue contre les invasions aériennes — à moins d'impossibles dépenses en hommes et en matériel — exposent l'île, d'un bout à l'autre, à des dangers et à des souffrances considérables.

Mais sans doute les plus grands dégâts qu'un raid aérien pourrait commettre en Angleterre, ne compteraient-ils guère dans le processus d'épuisement général ; et quant à l'effet moral de ces raids, il a été, et sera, de roidir les Anglais dans leur résolution de continuer la lutte jusqu'à les rendre à tout jamais impossibles. Leur résultat net est l'inflexible détermination du peuple anglais de mourir lui-même en donnant le coup de grâce au militarisme allemand plutôt que de vivre en le laissant survivre. C'est au début de la guerre que la meilleure occasion s'offrait pour l'aviation : une innovation soudaine aurait pu alors produire des résultats foudroyants. Mais cette occasion n'est plus. Les aviateurs allemands sont inférieurs aux aviateurs français et anglais, et les chances d'attaques efficaces par-dessus l'infanterie immobilisée sont, somme toute, en faveur des Alliés. Il n'y a rien non plus sur mer, ni dessous, qui paraisse devoir produire des résultats décisifs. Ces considérations nous ramènent à l'acceptation plus ferme que jamais des conclusions de Bloch.

La question essentielle pour le prophète reste donc celle de savoir quel est le groupe de puissances qui s'épuisera le plus rapidement. Vient ensuite la question de savoir *comment* les étapes successives d'épuisement se manifesteront chez les nations belligérantes. Les problèmes de cette guerre, comme de toutes les guerres, ont leur point d'aboutisse-

ment de même que leur point de départ dans
la psychologie des nations.

On dira que nous comptons sans les Balkans. A mon avis, la poussée des Allemands à
travers les terres sauvages et boisées de la Serbie ne fait pas réellement partie de la guerre
qui s'est terminée par l'immobilisation de 1915.
C'est un épisode dramatique, tragique, frappant pour l'imagination, mais nullement con-
clusif, qui ne fraye aux Allemands aucun chemin direct ou détourné vers tel ou tel centre
essentiel de leurs antagonistes, qui ne tourne
aucune position, qui n'ouvre pas la route de
Paris, de Londres ou de Pétrograd. La distance est grande du Danube à l'Égypte ou à
la Mésopotamie, et dans ces deux endroits,
Bloch les attend. Je ne crois pas d'ailleurs
que les Allemands aient l'intention d'étendre
à ce point leurs responsabilités. La complication balkanique n'est pas la solution du problème d'immobilisation, mais le commencement
de son corollaire.

Toute une série de nouveaux problèmes
s'offre à nous aussitôt que nous considérons
cette région agitée des Balkans; des problèmes
concernant la valeur de la royauté et du sentiment national, l'avenir de villes comme Constantinople qui n'ont jamais eu, depuis leur

naissance, aucune nationalité distincte, l'avenir de pays comme l'Albanie où sont réparties, en petits groupes inextricablement mêlés, des tribus aux passions nationales intenses ; ou comme la Dalmatie, où une nation ayant sa langue propre et douée du sens profond de son intégrité, règne dans les villes, et une autre dans la campagne environnante ; ou comme l'Asie-Mineure, où nulle frontière définie et nationale, nulle homogénéité religieuse, linguistique ou sociale n'a jamais pu s'établir depuis que les légions romaines ont anéanti celles qui existaient. Mais toutes ces questions peuvent être remises à plus tard ou laissées de côté dans notre présente investigation qui concerne l'essentiel de la guerre. Quels que soient les surprises ou les changements que cette dernière phase de l'empire d'Orient — mélodrame tout maculé de sang — doive entraîner, ils ne feront que hâter la conclusion essentielle de la Grande-Guerre, qui est celle-ci : les puissances centrales et leurs antagonistes alliés sont dans une impasse, incapables d'aboutir à un résultat définitif ; jour par jour, heure par heure, ils perdent des hommes, détruisent du matériel, dépensent leurs crédits, et s'acheminent vers quelque chose d'inconnu, quelque chose qui ne s'est jamais produit avant notre époque, et que nous essayons de nous peindre à nous-mêmes par le mot « épuisement ».

On peut se demander jusqu'à quel point les gens qui emploient ce mot si couramment pourraient le définir. L'idée semble être celle d'une phase dans laquelle la production des forces combattantes cessera faute d'hommes, faute de matériel, ou faute des deux. Si l'épuisement est à peu près égal de part et d'autre, il peut n'être pas décisif de longtemps. Il peut ne rien produire d'autre qu'une décroissance d'énergie des deux côtés, des souffrances sans précédent, une désorganisation et une baisse sociales et économiques. Le fait que ce processus entraîne une immense hécatombe humaine, et que les survivants seront pour la plus grande part soumis à la discipline, rend improbable la perspective d'une fin soudaine causée par une violente explosion révolutionnaire. L'épuisement sera vraisemblablement un travail d'évolution lente et complète, l'affaire de plusieurs années. Une « guerre d'usure » peut se prolonger jusqu'en 1918 ou 1919, et peut nous amener à un état de tension et de misère qu'on n'imagine encore que vaguement. Ce qui se passe dans l'Empire turc, aux Indes, en Amérique ou ailleurs, peut étendre le champ de destruction et accélérer ou retarder le cours des choses, mais probablement pas l'arrêter.

Demandons-nous maintenant lequel des combattants a des chances d'être épuisé le plus rapidement et — chose au moins aussi importante sinon plus — lequel a des chances de sentir l'épuisement le premier et le plus cruellement? Sans doute ne suis-je pas impartial, mais il me semble que les chances sont fortement, somme toute, contre les puissances centrales. Leur vertu spécifiquement germanique — cette organisation formidablement complète qui leur a permis d'engager une si forte proportion de leurs ressources totales dès leur première attaque, et de récupérer si vite et si bien au printemps de 1915 — les laisse maintenant appauvris. D'une fortune inférieure à celle de leurs adversaires, ils ont dépensé une plus grande part. Ils sont bloqués dans une large mesure, et contre eux luttent non seulement les ressources des Alliés mais, grâce à la victoire complète des Anglais dans la lutte maritime, tout ce que le monde a de marchandises à vendre.

Il est à prévoir que les Allemands feront appel aux ressources de leurs alliés balkaniques, mais on exagérerait facilement les proportions dans lesquelles ils pourront le

faire. Il y a une limite aux facultés de trahison de ces monarques allemands usurpateurs
auxquels la bêtise de l'Europe occidentale a
permis de posséder ces trônes balkaniques, qui
n'auraient jamais dû être des trônes ; et il est
probable qu'aucun peuple balkanique n'assis-
tera avec enthousiasme au pillage total de son
pays par une cour allemande au profit des
Allemands. L'Allemagne devra payer rubis
sur l'ongle la plus grande partie de l'aide qu'elle
reçoit des Balkans. Elle sera forcée de leur
donner plus qu'elle ne leur prendra. Et, en
comparaison du monde entier que les Alliés
ont derrière eux, l'Empire turc n'est qu'un pays
de montagnes, de terres désertes et non culti-
vées. Ce sera une entreprise immense et dangereuse pour l'Allemagne que de transformer
ces régions en une source d'approvisionnement,
au milieu des difficultés et des disettes de l'état
de guerre. Il peut lui arriver d'ouvrir des
mines qu'elle n'exploitera jamais, de construire
des chemins de fer dont d'autres jouiront, de
semer des moissons que récolteront des étrangers. Les gens que les Bulgares veulent voir
en Bulgarie ne sont pas des Allemands mais
des Bulgares ; les gens que les Turcs veulent
voir en Asie-Mineure ne sont pas des Allemands, mais des Turcs. Et puis, pour tous ces

travaux, il faut que l'Allemagne envoie là-bas des hommes. Des hommes ?...

Pour l'instant — autant que l'on en puisse juger — l'Allemagne sent l'étreinte de la guerre bien plus encore que la France, qui a l'habitude de la parcimonie et l'instinct de l'économie bien entendue, et que la Russie, qui est dure au mal et peu sensible. La Grande-Bretagne ne fait que commencer à sentir le mal. Elle n'a sans doute pas plus souffert économiquement que la Hollande ou la Suisse ; et l'Italie et le Japon ont certainement moins souffert. Ces trois grandes contrées sont encore pleines d'hommes, de matériel de toute sorte, de garanties d'avenir qu'elles peuvent mettre sur le marché. Dans toutes les parties du monde l'Angleterre a engagé des fonds colossaux. Elle n'a pas encore appliqué le grand principe de la conscription, non seulement à ses fils mais aux capitaux de ses sujets qui ont des fonds placés à l'étranger, et de ses propriétaires terriens. Elle n'a pas songé un instant aux expédients financiers employés par l'Allemagne, il y a un an. Elle va lentement, mais sûrement vers cette mobilisation à outrance. Sans aucun doute, plutôt que de perdre cette guerre, elle se socialisera complètement, elle réorganisera complètement tout son système économique et social. Elle le fera maladroitement, sans grâce, avec bien des chicanes intestines, bien des fourberies de la part de ses hommes de loi, et bien des mesquineries de la part de ses propriétaires, mais elle le fera, et pas si lentement qu'on pourrait logiquement s'y attendre. Elle atteindra ce but un peu en retard, à grands frais, mais encore à temps....

Je compte donc que le groupe allemand sera épuisé le premier. Je crois aussi que l'ensemble de la nation allemande sentira ce qui lui arrive et en prendra conscience plus tôt qu'aucune autre des nations qui subissent simultanément la saignée. En 1914, les Allemands recueillaient le fruit de quarante années de développement économique et d'entreprise industrielle et commerciale. La propriété et l'abondance étaient pour eux des jouissances toutes neuves ; et toute une génération d'Allemands avait grandi dans une atmosphère quotidienne d'expansion et de progrès. Il n'existait parmi eux, pour cuirasser leurs âmes, aucune tradition de la grande douleur de la guerre, telle que la possédaient les Français. Ils n'avaient rien non plus de la ténacité silencieuse, irraisonnée, des Russes et des Anglais. Peuple sentimental chez qui le succès devenait une habitude, ils marchèrent à la guerre en

chantant — contre la race la plus farouchement héroïque, et les deux races les plus obstinément endurantes du monde. L'Allemagne
entra dans cette lutte animée de plus d'allé-
gresse et de confiance qu'aucun autre des belligérants. Elle s'attendait à un autre 1871 ; elle
prévoyait tout au plus un an de guerre.

Jamais peuple ne fut plus désillusionné que
doivent déjà l'être les Allemands ; jamais
nation n'a été contrainte à une plus complète
remise au point de ses conceptions. Ils n'ont
connu ni victoires ni défaites conclusives ; rien
qu'une transition lente, immense, de l'effort
joyeux et de l'illusion d'un triomphe rapide, à
la souffrance, aux pertes de toutes sortes, sans
cesse renouvelées ; rien que l'amoindrissement
des grands espoirs, et la perception d'un
reflux dans la marée du bien-être national. Et
maintenant il leur faut continuer la lutte contre
des Alliés implacables et indivisibles. Ils
subissent à présent une gêne au moins aussi
douloureuse que les Français ; et comparés
aux Français, les Allemands sont un acier non
trempé.

Nous connaissons mal la psychologie de
cette nouvelle Allemagne née depuis 1871 ; mais
il est douteux qu'elle accepte la défaite, et plus
douteux encore qu'elle puisse éviter l'échec

définitif et avoué, à la fin de la guerre, de tous ses grands espoirs : espoir de voir Paris soumis, Londres humilié, la Russie suppliante ; espoir d'annexer la Belgique et de mettre la main sur les Balkans. S'il implique l'aveu de cet échec, le jour du règlement de comptes sera repoussé par l'impérialisme allemand jusqu'à ce que se soit évanoui le suprême espoir de quelque rupture entre les Alliés, de quelque miracle sauveur dans le vieil Empire d'Orient, de quelque victoire théâtralement remportée à la onzième heure.

D'autre part, les Alliés jurés ne peuvent consentir à une paix qui ne comprendra pas l'évacuation de la Belgique et de la Serbie avec compensations, et, tout au moins, l'autonomie des provinces du Rhin ravies à la France. C'est le minimum de leurs exigences. Et ils sont résolus aussi à donner à l'Allemagne un tel dégoût, une telle lassitude des aventures militaires, que la menace de l'ambition allemande cesse d'assombrir la vie de l'Europe. Telles sont les fins essentielles de la guerre. L'Europe passera par toutes les phases de l'appauvrissement et de l'épuisement jusqu'à ce que ces fins soient atteintes, ou rendues à tout jamais impossibles.

Mais ce ne sont là que les grandes lignes

d'une histoire qui présente dans ses aspects collatéraux un intérêt considérable. C'est à ces aspects que l'expérimentateur en prophétie doit s'attacher. C'est sur ces points secondaires que l'Allemand sera poussé par son gouvernement à chercher ses compensations. Il se consolera de voir la Serbie restaurée, par la perspective de conflits futurs entre Italiens et Jougo-Slaves, qui lui permettront de pénétrer à nouveau dans l'Adriatique. On attirera son attention vers sa nouvelle et plus intime entente avec la Bulgarie et la Turquie. On lui dira qu'il peut encore dans ces contrées renouveler le miracle de la Hongrie. Et que la Pologne aussi sera peut-être une autre Hongrie. On lui chuchotera qu'il a vraiment conquis ces pays, alors qu'il est plus que probable qu'il n'aura fait que donner de sa propre substance pour y établir de nouveaux alliés étrangers et soucieux de s'affirmer. Il se peut que le Kaiser fasse une entrée solennelle à Constantinople — qui n'est après tout qu'une capitale temporairement alliée — avec des allures de conquérant. L'Allemand aura aussi l'espoir de conserver sa flotte et on lui rappellera que nulle paix au monde ne pourra lui dérober sa supériorité technique durement gagnée dans la navigation aérienne. La flotte allemande de l'air en 1930

aura peut-être la même prédominance que la
marine anglaise en 1915, et elle pourra frapper l'ennemi de façon beaucoup plus directe.
Ne vaudrait-il pas mieux qu'il attendît cette
occasion-là ? Quand des consolations de ce
genre commenceront à se répandre dans la
presse allemande, nous autres Alliés jurés
pourrons commencer à parler de paix, car ce
seront là ses avant-coureurs nécessaires.

La phase dernière d'un processus d'épuisement général doit, presque inévitablement,
être une rivalité de bluff. Ni l'un ni l'autre des
deux partis n'avouera sa détresse. Ni l'un ni
l'autre par conséquent ne fera de propositions di-
rectes à son antagoniste, ni d'avances ouvertes à
un neutre. Mais force discours éloquents au sujet
de la paix circuleront par l'intermédiaire des
neutres, et les conférences des Alliés anti-
allemands deviendront de plus en plus intimes
et détaillées. Avec une étonnante facilité, des
suggestions diverses, venues des deux partis,
parviendront jusqu'aux oreilles de tels journalistes et intermédiaires neutres. Les Alliés de
l'Est et de l'Ouest commenceront probablement bientôt à agiter la question d'un Zollverein anti-allemand et de la coordination de leur
organisation militaire et navale pour les
années qui suivront la guerre. On est déjà en

train, d'autre part, de discuter la possibilité d'un Zollverein de l'Europe centrale. La notion générale d'un remaniement possible des États européens après la guerre s'affermira dans l'esprit du public en Europe et en Amérique ; les politiciens, de part et d'autre, laisseront entendre qu'ils sont d'accord avec cette idée générale, et quelque puissance neutre, Danemark, Espagne, États-Unis ou Hollande, invitera des représentants à une discussion non officielle de ces possibilités.

Il est donc probable que les négociations de paix prendront la forme extraordinaire de deux conférences simultanées : l'une des Alliés jurés, qui siégera probablement à Paris où à Londres, l'autre des représentants de tous les belligérants, réunis dans un pays neutre — la Hollande serait le plus indiqué — cependant que la guerre durera toujours. La conférence hollandaise serait en contact immédiat par télégraphe et téléphone avec la conférence des Alliés, d'une part, et, de l'autre, avec Berlin....

Les conditions générales d'une paix possible commenceront à être exposées vers la fin de 1916, et une certaine lassitude s'insinuera dans les opérations du champ de bataille.... L'épuisement aura probablement atteint un tel point à ce moment, qu'il sera au premier plan des consciences de tous les citoyens des contrées belligérantes. La vie du commun des mortels dans toute l'Europe sera devenue intolérable. L'espoir de coups décisifs aura abandonné l'imagination des pays en lutte. La guerre aura atteint sa quatrième et dernière phase. La guerre d'attaque en masse aura d'abord fait place à la guerre d'immobilisation ; la guerre immobile se sera prolongée, et à mesure que les grands combattants se seront affaiblis relativement aux petits États, l'intérêt se sera graduellement reporté vers la guerre de trahisons et d'intrigues diplomatiques dans la Méditerranée orientale.

Et enfin, et très vite, la dernière phase de la lutte prendra le dessus — phase pendant laquelle le souci dominant de chaque groupe de puissances ne sera plus de gagner des victoires ou de faire des conquêtes, mais de s'assurer les meilleures conditions possibles de récupération économique et de reconstruction sociale. Les traités commerciaux, les projets d'action commune pour l'avenir, que feront entre eux les deux groupes de grandes puissances, leur paraîtront de plus en plus importants, et la simple question de frontières de moins en moins. L'Europe commencera à se rendre compte qu'elle a déjà dissipé les ressources qui lui ont permis de lever le tribut nécessaire aux placements qu'elle a faits dans tous les coins du monde, et que ni les Allemands, ni leurs adversaires, ne pourront, pendant bien des années à venir, reprendre ces projets d'exploitation mondiale qui furent la source profonde de la grande guerre. Ce seront des nations bien excédées, bien anémiées, qui prendront place autour de la table sur laquelle la nouvelle carte d'Europe sera dessinée.... Chacun des diplomates viendra au rendez-vous avec l'esprit soucieux. Chacun songera à son pays comme à un malade d'humeur difficile et de patience douteuse, qui sort de la torpeur des anesthésiants après une opération torturante, vaine et mal faite.... Chacun songera au prolétariat, mutilé et déconcerté, qui refluera vers les usines désorganisées d'où le capital s'est retiré pour aller alimenter la lutte, et où il ne reviendra, lui, peut-être jamais.

III

BRAINTREE, BOCKING
ET L'AVENIR DU MONDE

L A guerre sera-t-elle suivie d'une période de grande détresse et de désordre social, et d'une révolution européenne, ou traverserons-nous la crise sans désastre violent ? Pouvons-nous même espérer que l'Angleterre, au sortir de cette guerre, entrera d'emblée dans une phase de prospérité retrouvée et bientôt croissante ?

Comme tout le monde, j'ai essayé et j'essaye encore de formuler une réponse quelconque à cette question. Mon état d'esprit, au cours de ces quelques derniers mois, a oscillé entre un optimisme considérable et un découragement profond. J'ai été en rapport avec bon nombre de jeunes hommes en kaki : ex-ingénieurs, ex-avocats, ex-instituteurs, ex-négociants de toutes sortes. Et, tout bien pesé, j'ai **retiré** de ce commerce la conviction vivace qu'il y a en Angleterre le ressort, la volonté, l'intelligence nécessaires à l'œuvre de reconstruction nationale, si ardue et si difficile soit-elle. Et, d'autre part, il y a un certain tronçon de route entre Dunmow et Coggeshall....

Ce tronçon de route vient continuellement contrecarrer mes pensées optimistes. C'est un bout de route fortement pro-allemand. Il confirme certaines allégations contre la Grande-Bretagne ; celle-ci par exemple : que les Anglais sont parfaitement inaptes à la direction de leurs propres affaires, sans parler de celles d'un empire ; qu'ils sont un peuple incompétent, un peuple obstinément borné, un peuple dissipateur, un peuple incapable de se rendre compte qu'un homme qui cultive mal son champ est un traître à la patrie et une faiblesse pour son pays....

Je vais exposer au lecteur le cas de cette grand'route qui traverse Braintree (avec l'intervention de Bocking). On me dira peut-être que c'est bien peu de chose. Mais un brin de paille révèle d'où souffle le vent. C'est une vulgaire affaire de cailloutis, de boue et de conduites d'eau, mais c'est aussi un symptôme des difficultés essentielles qui s'opposeront en

Angleterre — et probablement dans toute l'Europe — à une reconstruction paisible et rapide après la guerre. La grand'route de Braintree, je l'avoue, devient parfois pour moi un symbole du monde. C'est un pauvre et morne tronçon de route, avec un semis de cailloux d'un côté. C'est aussi, à mes yeux, la grand'route des destinées humaines en conflit avec l'humanité. C'est le chemin vers Harwich, la Hollande, la Russie, la Chine et toute l'immensité du monde.

Dès le premier coup d'œil on a l'impression que ce n'est pas le genre de route dont se contenterait une nation énergique et entendue. Pour une grand'route, elle est étroite, et on se trouve arrêté au beau milieu par un coude incommode, par un carrefour qui n'en est pas tout à fait un, si bien qu'il faut faire deux virages à l'aveuglette pour continuer sa route vers l'Est, et qu'il a fallu poster là un policeman — je ne sais moyennant quels frais annuels — pour surveiller la traversée. Au delà de ce point, on est frappé par le fait que le côté Sud est beaucoup plus élevé que le côté Nord, et que l'eau des averses doit nécessairement s'écouler du Sud vers le Nord et y séjourner. C'est bien ce qui arrive, et le côté Nord a récemment résolu la difficulté en semant des cailloux concassés, convertissant ainsi ce qui serait un lac en une sorte de pudding aux cailloux. En conséquence, on mène son auto autant que possible sur le côté Sud de cette route. De cet aspect se dégage l'impression d'un muet dialogue hostile entre Nord et Sud — impression que confirment les investigations de l'explorateur. Le parallélisme n'est peut-être qu'accidentel entre cette apparence et des faits plus profonds. Je ne sais. Mais toujours est-il que le milieu de cette grand'route est une frontière. Le côté Sud fait partie du district urbain de Braintree ; le côté Nord, du district rural de Bocking.

Si l'investigateur curieux s'arme de la pioche et de la pelle, il découvrira pour le moins un dualisme correspondant sous la surface. Il trouvera une conduite d'eau dépendant de Bocking, qui alimente les maisons du côté Nord, et une conduite dépendant de Braintree, qui les alimente du côté Sud. Je soupçonne que les égouts sont aussi en double. Pour le moment, il n'y a qu'une conduite de gaz, celle de Braintree ; mais Bocking va bientôt avoir son gaz séparé. La population totale de Bocking et de Braintree ne dépasse probablement guère dix mille habitants en tout ; mais pour ces dix mille habitants il y a deux systèmes de distribution de l'eau ; deux systèmes de distribution du gaz, deux séries d'écoles, deux administrations.

L'observateur de passage ne fait pas de distinction entre la ruralité du côté Bocking et l' « urbanité » du côté Braintree, si ce n'est que le premier est plus boueux. Mais il y a des différences de régime alimentaire. Vous découvrirez l'une d'elles si vous offrez à un campagnard de Bocking une des boîtes de fruits en conserve qui ont du succès auprès des citadins de Braintree. Un boueur parcourt la route du côté Braintree, et de ce fait il devient possible et pratique d'y consommer des conserves. Mais les épiciers de Braintree écoulent difficilement leurs conserves dans Bocking. Le Bockingois, moins bien partagé que son voisin, n'a pas de boueur, si bien que sa boîte de fer-blanc lui reste pour compte. Il peut l'enterrer dans son jardin (s'il en a un), ou l'emmener en promenade enveloppée dans du papier, et la déposer subrepticement dans un fossé (si possible sur le territoire de Braintree) ; ou s'en servir, ainsi que de celles qui l'ont précédée et suivie, pour élever une pyramide en l'honneur du Conseil d'administration locale (Président à 5.000 livres sterling, Secrétaire parlementaire à 1.500 livres,

Secrétaire permanent à 2.000 livres, Avocat consultant à 1.000 livres ou plus, six « clerks » à 1.000 livres, et une multitude de fonctionnaires à 300 livres et au-dessus : dépense administrative totale supérieure à 300.000 livres...) Bocking et Braintree sont aussi divisés dans la mort. Ils ont chacun leur cimetière....

Or, pour l'observateur impartial, c'est une seule et même communauté qui entoure la gare Braintree-Bocking. Elle a des industries collectives et des intérêts collectifs. Il n'y a, d'un bord à l'autre de la rue, ni octroi ni rien de ce genre. Les boutiques et les auberges du côté Bocking n'ont rien dans leur aspect qui les différencie de celles du côté de Braintree. Les habitants des deux groupes ne se gênent pas pour se marier entre eux.

Si cette absurde séparation n'existait pas, personne n'aurait l'imprudence de l'établir à l'heure actuelle. C'est du gaspillage, c'est de l'injustice (parce que le côté Bocking est sensiblement plus riche et moins peuplé que le côté Braintree, si bien qu'il y a une différence dans les contributions) et c'est plus ou moins insupportable pour les neuf dixièmes de la population. C'est insupportable aussi pour les promeneurs de passage, à cause d'inconvénients tels que l'asymétrie de la grand'route. Cela entrave le développement économique local et le développement d'un esprit local. Il se peut, certes, que cela chatouille le sens humoristique des disciples de G. K. Chesterton et de M. Belloc, persuadés que cette guerre est, au fond, une guerre en faveur du Credo de saint Athanase, de l'embonpoint et des libres beuveries, contre la science, la discipline et la fatuité de ceux qui cherchent à se mettre « en forme » pour aller au front. Il se peut qu'ils prennent la chose comme une excellente farce ; il se peut qu'ils n'y voient qu'un thème heureux pour quelque joviale ballade sur *Roundabout and Roundabout, the jolly town of Roundabout*. Mais pour quiconque d'autre, la question de savoir comment on peut laisser subsister ce ruineux gâchis Bocking-Braintree, avec ses deux conseils, ses deux « clerks », ses deux systèmes d'entreprises et d'affaires, était, même avant la guerre, quelque chose d'assez troublant.

C'est maintenant une question douloureusement critique. Car ce désaccord entre les deux côtés de la grand'route qui traverse Bocking et Braintree, n'est pas un cas isolé ; c'est un exemple type de la façon dont les choses se passent en Angleterre ; c'est un présage de la façon dont pourra être entreprise la grande tâche de réorganisation industrielle à laquelle la nation devra faire face.

Dirai-je que *c'est*, ou que c'est *peut-être* un présage ?

C'est précisément la question que je ne résous pas dans mon esprit. Je voudrais pouvoir croire que je suis tombé sur un cas extrême d'enchevêtrement de l'administration locale. Mais il se trouve que, chaque fois que j'ai regardé de près les affaires locales, j'ai découvert le même genre de gaspillage, la même... insobriété d'organisation. Quand je partis, il y a quelque temps, pour aller vérifier tous ces détails à Braintree, je fus arrêté par une inondation au milieu de la route entre Little Easton et Dunmow. Tous les ans cette route est inondée et impraticable pendant quelques jours, parce qu'un fragment de la partie affectée dépend du Conseil de Comté, et un autre du Conseil de Paroisse de Little Easton, et qu'ils ne peuvent s'entendre au sujet de la quote-part de ce dernier.

Ces choses-là crèvent les yeux du plus aveugle. Et quand on remonte l'échelle en partant du district urbain et des frontières rurales, on découvre la même incohérence dans l'organisation des comtés, le même inextricable réseau d'obstacles barrant la route à toute coordination rapide et efficace, la même pléthore d'employés, les mêmes copieux éléments de chicane, de mésentente, d'insolubles conflits d'opinion entre des régions dont la seule différence est qu'on a laissé subsister entre elles une ligne de démarcation néfaste. Et ainsi de suite jusqu'à Westminster. Et plus haut encore....

Je sais parfaitement combien doit être désagréable à lire cette poussée soudaine de mauvaise humeur contre deux localités qui ne m'ont jamais fait d'autre injure personnelle que de m'éclabousser un peu. Mais c'est une chose qu'il *faut* dire maintenant, parce que nous approchons d'une crise dans laquelle les méthodes de temporisation, le désordre et le gaspillage peuvent nous perdre à tout jamais. C'est ainsi que les choses ont toujours été faites en Angleterre ; c'est là notre façon coutumière de procéder, et si les choses sont encore faites ainsi après la guerre, l'empire croulera.

J'ajoute tout de suite qu'il est parfaitement possible que les choses soient presque aussi mal faites, ou tout aussi mal faites, en Russie, en France, en Allemagne ou en Amérique ; je n'établis pas de comparaisons. Je suis d'avis que nous tous humains avons été pétris d'argiles analogues, et que des forces analogues ont été à l'œuvre partout. Mais cette excuse, si populaire en Angleterre, n'empêchera pas la catastrophe, si, pour faire face aux difficultés qui nous attendent, nous persistons dans les vieilles méthodes. Je ne vois pas que ce soit une consolation d'avoir part à un désastre général.

Et je suis sûr qu'il doit y avoir les raisons les plus piquantes et les plus pittoresques à tout cet enchevêtrement, ce gâchis et ce désordre de nos affaires locales ; à ce fait — pour prendre un nouvel exemple — que la ligne de démarcation entre les paroisses de Newton et de Widdington, en Essex, a l'air d'avoir été tracée sur la carte par un homme ivre, dans une voiture au galop, à l'aide d'un ressort brisé. Il se trouve que cette grand'route Bocking-Braintree, est une ancienne voie romaine, le long de laquelle les légions s'avancèrent, il y a deux mille ans, pour balayer les conseils et les bureaucrates des tribus anglaises d'alors. Et sans doute un historien pourrait-il tirer de cette pittoresque origine le plus séduisant tissu de déductions. Cela ne change rien au fait que ces complications surannées des affaires anglaises constituent dans l'ensemble une lourde entrave,

et causent une grande perte d'énergie humaine.
Cela ne change rien au fait encore plus grave,
au fait qui assombrit pour moi tout le tableau
de l'avenir, que nous n'avons encore jamais fait
preuve, à aucune époque, d'aucune velléité
générale de redresser ces tortuosités confuses
et ces absurdités, ou même d'y faire trêve.
Jamais jusqu'ici ne s'est manifestée dans les
affaires anglaises cette divine passion de faire
les choses le plus clairement, le plus nettement,
le plus sobrement, le plus à fond possible —
passion nécessaire pour remettre au point des
choses du genre de ces complications locales
universelles. Nous nous sommes toujours con-
tentés des méthodes anciennes, compliquées
et coûteuses, et nous les suivons encore aujour-
d'hui....

Et ce que je voudrais savoir avec plus de certitude que je ne le fais, c'est si nous avons cela
dans le sang, ou si c'est seulement une habitude
enracinée en nous par de longs siècles de sécurité, de longues années de vie large, aux marges
si amples qu'aucun gaspillage ne semblait être
un péché vraiment grave. Est-ce, ou non, en
vertu d'un trait de caractère ineffaçable et sans
espoir, que nous nous obstinons dans la prodi-
galité et la confusion?

Ce que je voudrais croire faisable à l'heure

actuelle, du bas en haut de l'échelle, de la paroisse à la province, serait quelque chose dans ce genre : supposons que le bureaucrate de Braintree aille trouver celui de Bocking, ou le bureaucrate de Folkestone celui de Sandgate et lui dise : « Voyons ! un seul d'entre nous pourrait faire le travail des deux, aussi bien sinon mieux. Le temps de la vie facile est passé, et les situations aussi bien que les hommes doivent être prêtes à mourir pour la patrie. Jouons donc à pile ou face celui qui gardera l'emploi, et que l'autre s'en aille chercher quelque chose d'utile à faire » ? Alors je pourrais avoir la foi. Des actes de vertu de ce genre se produisent aux États-Unis. Voici un passage tiré du journal *The World*, de New-York (n° du 15 février 1916) :

« New-York n'oubliera pas de sitôt le nom d'Henry Bruère, qui s'est signalé par deux actes peu ordinaires. Peu après son entrée en fonctions, il déclara que sa charge était superflue et devrait être abolie, le contrôleur des Finances en assumant les devoirs. Il s'en détache maintenant par démission, malgré ses appointements de 12.000 dollars. »

Ou encore, supposons que les gens de Braintree et de Bocking prennent les devants, et disent : « Mais c'est absurde, tout ça ! Ayons donc un seul et même conseil et des fonctionnaires communs,

et allons de l'avant, au lieu de continuer cette
comédie stupide de prétendre qu'il y a deux
villes là où il n'y en a qu'une ! » Ou si l'un
quelconque des honorables membres du conseil d'administration locale (valeur totale
300.000 livres sterling) mettait à l'étude un
projet de redistribution générale de nos circonscriptions administratives selon un plan moins
dérisoire ? Et si ses chefs hiérarchiques l'aidaient
au lieu de le rabrouer ?...

Mais je ne vois guère ce genre de choses se
produire. Je vois partout de petits hommes
avisés, circonspects, occupés d'eux-mêmes et
rien que d'eux-mêmes, de leur clocher et rien
que de leur clocher, mesquins d'esprit, âpres
au gain....

Je sais qu'il y a tout un tissu d'excuses à
cette organisation compliquée, coûteuse, gê-
nante de notre administration locale — organisation que j'ai prise uniquement comme
exemple des méthodes humaines en général.
Car c'est des affaires humaines en général que
je traite, comme j'en ai averti le lecteur au
début. Aussitôt qu'on examine de près quelque
désordre humain que ce soit, on trouve toutes
sortes de droits, d'objections et de revendications très raisonnables qui s'opposent à tout
vaste projet de remaniement. Je conçois très

bien que Bocking puisse avoir d'excellentes raisons pour refuser de se fondre avec Braintree, à moins de conditions que Braintree ne pourrait songer à accepter. Je comprends parfaitement qu'une fusion de deux circonscriptions causerait maint inconvénient et mainte injustice dignes d'être pris en considération. Je ne doute pas qu'elle entraînerait une perte grave pour Un Tel, et un avantage imprévu et tout à fait injuste pour Un Tel. Il faudrait des années pour mettre la chose au point et en venir à un seul système de distribution du gaz, un seul système de distribution de l'eau et un boueur ambidextre, le tout selon un plan parfaitement juste et complètement satisfaisant.

Mais ce que je soutiens ici, c'est que ces revendications et ces droits immédiats et mesquins, ces intérêts garantis par la loi, ces petits côtés de la justice et de l'équité, ne sont d'aucune excuse pour empêcher que les choses soient faites avec clarté, netteté, ampleur et rapidité. Toutes ces petitesses n'ont jamais constitué une excuse acceptable, et maintenant moins que jamais elles ne justifient le gaspillage, les atermoiements et autres incommodités. Faisons d'abord les choses de la façon qu'il faut, et puis ensuite, si nous le pouvons, nous consolerons les gens déçus qui, au lieu de gagner honnêtement leur vie, trouvaient leurs petits profits à ce qu'elles soient faites de travers. Nous commençons à reconnaître qu'il est logique que tout homme soit convié à mourir pour sa patrie ; il nous reste encore à admettre que toute espèce de propriété, d'intérêts, de droits et de titres, peut tout aussi bien être conviée à mourir. Bocking et Braintree et M. John Smith — M. John Smith, le type du « monsieur à l'aise » qui a son intérêt engagé dans les destinées de la nation — ont beaucoup trop pensé aux droits, aux titres, aux espérances financières et aux thésaurisations de Bocking, de Braintree et de M. John Smith. Il faudra désormais qu'ils pensent autrement.

Réfléchissez un peu à l'œuvre de reconstruction à laquelle l'Angleterre devra faire face dans les quelques années qui vont suivre. (Et encore sa tâche sera-t-elle moindre que celle d'aucun de ses antagonistes ou de ses alliés, Japon et Italie exceptés). Il y a probablement à l'heure actuelle de six à dix millions de citoyens anglais, hommes et femmes, employés soit directement à la guerre, soit à la fabrication des munitions, soit à des occupations comme les transports, les soins aux blessés, etc., directement subordonnées à ces fins principales. Les cinq sixièmes au moins de ces millions de gens devront être ramenés, dans l'année qui suivra la paix, à des occupations d'un caractère différent de celles qu'ils ont en ce moment. Partout l'industrie, le négoce, les transports, ont été désorganisés, bouleversés ou détruits. Ce sera, en fait, tout un nouveau système économique qu'il faudra mettre sur pied dans le bref espace de cinq ou six mois. Il faudra nourrir, occuper, répartir une foule immense et disloquée, et cela dans un monde financièrement gêné et rempli de blessés, de mutilés, de veuves, d'orphelins et de gens désemparés.

Dans le cours d'une année ou à peu près, il faudra réadapter de fond en comble la vie de la moitié de la population. C'est une tâche de géants, une tâche pour laquelle aucune force ne saurait être excessive. Ce sera une œuvre déjà suffisamment difficile à accomplir sans que viennent s'y opposer les droits conférés par la loi, les propriétaires marchandeurs et les profiteurs agiles. Ce serait un travail de géants si tout le mécanisme administratif nécessaire existait déjà dans l'ordre le plus parfait. Comment cette immense entreprise sera-t-elle menée à bien si tous les Bockings de la nation refusent de traiter avec Braintree à moins de concessions impossibles, et vice versa, cependant que la route, tiraillée entre eux deux, reste impraticable ; et

si tous les John Smith revendiquent les profits
et les dividendes qu'ils sont « raisonnable-
ment » en droit d'attendre et exigent des in-
demnités et des compensations « raisonnables »
pour se tenir tranquilles ?

Je voudrais inscrire ici ma conviction que si
les problèmes de cette grande crise doivent
être traités dans cet esprit-là — l'esprit méfiant,
mercantile, judiciaire que j'ai vu dominer la
vie anglaise pendant mon demi-siècle d'existence — ils ne seront jamais *résolus* au vrai
sens du mot. Cette guerre a beaucoup démora-
lisé et discrédité la classe dirigeante en Angleterre ; et si des masses énormes de gens sans
emploi et sans nourriture, qui ne seront plus
galvanisés par la présence de la guerre —
masses à l'heure actuelle rompues à la vie militaire et munies de bon nombre d'officiers très
bienveillants — sont relâchées maladroitement,
à l'aveuglette, dans un monde où le prix des
vivres et des loyers montera, un monde d'obstacles dressés par la loi et de complications
judiciaires, un monde de spéculateurs avides et
d'entreprises entravées, il y aura des insurrec-
tions et des révolutions. Il y aura du sang
versé dans les rues, et on fera la chasse aux
gouvernants.

Il y aura tout cela si nous essayons pour tout

de bon de mettre le vin nouveau de l'humanité,
les fermentations neuves et fortes, à la fois si
prometteuses et si menaçantes, que la guerre a
suscitées, dans les vieilles outres administratives qui suffisaient à nos besoins avant la
guerre.

Je crois que si les hommes de loi, les politiciens et l' « entreprise privée » essayent, après
la guerre, de manier le grand problème de reconstruction dans le même esprit qui présidait
à la conduite de nos affaires avant la guerre,
ils ont à peu près autant de chances d'y réussir
qu'en aurait un vieux tâcheron de maçon qui,
travaillant selon les règles strictes de son trade-
union, se mettrait en devoir d'arrêter la plus
formidable avalanche qui ait jamais descendu
le flanc d'une montagne. Et comme je ne suis
pas le moins du monde un pessimiste intégral,
malgré mes moments de détresse, il s'ensuit
que je ne pense pas que le vieil esprit aura
nécessairement le dessus. Je ne le pense pas,
parce que je crois qu'au cours des quelque
trente ou quarante dernières années un nouvel
esprit s'est introduit dans les affaires humaines ;
que nos gouvernants et nos chefs apparents ne
sont plus dans le mouvement, et que chez les
jeunes qui n'ont pas encore fait leurs preuves,
chez les jeunes Européens de trente ans et au-

dessous, par exemple, qui sont en si grand nombre, à l'heure actuelle, en train de réfléchir sur la vie et de juger leurs aînés du fond des tranchées, il y a des ressources encore insoupçonnées de volonté et de talent, des possibilités mentales nouvelles et de nouvelles habitudes d'esprit qui démolissent complètement la prévision — basée sur le cas typique de Bocking et de Braintree d'une catastrophe sociale après la guerre.

Comment définir ce nouvel esprit le plus exactement ?

C'est l'esprit créateur opposé à l'esprit judiciaire. C'est l'esprit de courage et d'initiative, et non l'esprit de prudence passive et de revendication. C'est l'esprit qui se tourne vers l'avenir et non vers le passé. C'est l'esprit qui fait oublier à Bocking qu'il n'est pas Braintree, et à John Smith qu'il est John Smith, et qui les fait souvenir tous deux qu'ils sont l'Angleterre.

Il y a pour chacun de nous deux façons diamétralement opposées d'envisager la vie ; il y a l'individualisme — qui nous vient aussi naturellement qu'à un porc son grognement — et qui consiste à nous considérer nous-mêmes comme le centre de l'univers, et à tout rapporter à nous ; et il y a l'autre façon, celle que presque toutes les religions cherchent à enseigner sous une forme ou sous une autre, et qui consiste à prendre notre point de départ dans des réalités plus vastes, et à nous rapporter à elles. Il y a le Braintree qui est Braintree contre l'Angleterre et contre le monde, soucieux de donner aussi peu que possible et de tirer le plus de profit possible du marché, et il y a le Braintree qui s'identifie avec l'Angleterre et se demande comment faire pour servir le monde le mieux possible dans sa petite sphère, comment instruire le mieux possible, produire le plus possible, et redresser et améliorer ses routes pour que le Monde y passe.

Tous les Américains savent la différence entre le district qui envoie son représentant à Washington pour le bien du district, et celui — plus rare, — qui l'y envoie pour travailler au bien des États-Unis. Il y a le John Smith qui a vis-à-vis de l'Angleterre les sentiments d'un ver pour son fromage, et il y a celui qui a vis-à-vis d'elle les sentiments d'un chien de berger pour le troupeau. Le premier esprit est l'esprit de l'individualisme, des « affaires », et de notre législation ; le second est l'esprit du socialisme, de la science — et de l'uniforme kaki. Les deux esprits existent dans chacun de nous ; d'un jour à l'autre leur rapport varie :

c'est tantôt l'un qui prend le dessus, tantôt l'autre.

La guerre n'a pas fait pencher définitivement la balance, mais elle accentue la différence entre les deux. Tel riche capitaliste anglais s'enfuit honteusement à New-York pour s'y établir un foyer et échapper à la taxation ; tel autre transforme son château en hôpital et s'en va secourir les réfugiés serbes. Les actions viles ou généreuses sont contagieuses ; tel se donne d'enthousiasme au récit d'un acte de dévouement ; tel autre déclare qu'il ne fera rien jusqu'à ce que Sir F.-E. Smith soit parti au front. Et il faut que le prophète du lendemain tâche de deviner la force relative de ces facteurs impondérables et incertains.

Cette frontière Bocking-Braintree qui passe par le milieu de la route se retrouve dans le monde entier. On la trouve en Irlande, entre les messieurs qui exploitent les méfiances du côté Nord et les messieurs qui exploitent les méfiances du côté Sud ; on la trouve en Angleterre, parmi les excellentes gens qui préféreraient voir sombrer l'empire plutôt que de consentir à une entente honnête et équitable avec le prolétariat. Il n'y a pas seulement des frontières d'une paroisse à l'autre, mais d'un parc à l'autre, d'une classe à l'autre et d'une secte à l'autre. Et l'on retrouve aussi la ligne Bocking-Braintree en maint endroit sur une carte d'Europe à petite échelle.... Ces frontières Bocking-Braintree sont les réseaux de fils de fer barbelés qui nous séparent de la paix mondiale. Contre eux, dans chaque pays, lutte l'esprit nouveau dans des milliers de cerveaux. Où sera-t-il le plus fort ? Quel est le pays qui tirera les choses au clair le premier, qui se remettra au travail le plus rapidement, qui souffrira le moins de l'inévitable confusion et des inévitables querelles ? Est-ce qu'une quelconque des nations intéressées s'en ira en lambeaux, dans d'irrémédiables divisions intestines ?

Eh bien, je crois que la réponse à cette dernière question est : « Non ». Et je réponds ainsi en vertu de la même raison qui me fait croire que l'association des Alliés jurés ne se dénouera pas après la guerre ; c'est que je crois que cette guerre ne se terminera pas par l'écrasement complet et l'asservissement de l'un ou de l'autre des partis en présence, mais par un épuisement général qui laissera subsister la possibilité terrifiante d'une reprise de la guerre.

Le dieu Mars dominera comme un géant toutes les affaires humaines pendant les vingt années qui vont suivre ; et les paroles de Mars sont toujours rudes et nettes. Il nous dira à

tous : « Mettez de l'ordre dans vos maisons. Si
vous vous chamaillez entre vous, si vous per-
dez du temps, si vous chicanez, si vous brouil-
lonnez, si vous tirez les gains à vous et si vous
éludez vos devoirs, je reviendrai certainement.
J'ai pris tous vos hommes entre dix-huit et
cinquante ans, et j'en ai mutilé et tué tant que
j'ai voulu : des millions. J'ai gaspillé votre
chair et votre sang, dédaigneusement. Or,
voici que vous avez parmi vous, pleins de vie,
des multitudes de petits garçons de neuf à dix-
neuf ans. Des enfants exquis et chéris. Et derrière eux viennent des millions de bébés adorables. De ceux-là, je n'ai écrasé et fait mourir
de faim que quelque cent mille à peine. Mais
continuez à vivre dans le désordre, chacun pour
soi, pour sa paroisse et sa famille, et personne
pour le monde entier ; continuez selon les
vieilles méthodes, cramponnez-vous à vos
droits et à vos titres, tous, tant que vous êtes ;
refusez toute concession et tout sacrifice, entra-
vez les choses, gaspillez, querellez — et je
reviendrai bientôt ; je faucherai toute cette
fraîche moisson humaine, tous ces millions
d'êtres qui sont pour l'instant d'adorables bam-
bins, de chers petits garçons et de chers ado-
lescents, et je les pétrirai entre mes mains en
une bouillie rouge ; je la mêlerai à la boue des

tranchées, et je m'en repaîtrai sous vos yeux, plus abominablement encore que je ne l'ai fait avec vos grands fils et vos jeunes hommes. J'ai déjà pris presque tout votre superflu ; la prochaine fois je prendrai votre nécessaire le plus indispensable. »

Ainsi parlera Mars, le dieu rouge ; et en ces jours d'instruction universelle, le gros du public comprendra clairement désormais que tel est bien son rôle avertisseur et son intention. Les gens qui ne sont pas mus par l'amour de l'ordre et de la création seront peut-être touchés par la pensée de la mort et de la destruction.... C'est là, à mon avis, la raison péremptoire qui balayera tous ces droits de propriété, ces divisions et ces frontières, tout ce réseau immobilisateur qui a tenu si longtemps le monde en échec. Le prolétariat qui reviendra des tranchées, et qui sollicitera de sa patrie de la rapidité, de la méthode, des chefs généreux et dévoués, de l'esprit d'organisation, qui demandera que l'usurier et le financier, le propriétaire et l'homme de loi sachent, s'il le faut, se retirer complètement de la circulation — le prolétariat aura derrière lui, pour soutenir ses arguments, la pensée de l'ennemi qu'on aura laissé nullement asservi, toujours à craindre, occupé à récupérer. Les deux partis sentiront cela. On voit plus clair dans le monde d'aujourd'hui qu'en 1816 ; on a élucidé depuis cette date mille conflits entre la lettre du droit et le sens du devoir. Nous savons ce que nous faisons infiniment mieux qu'alors. Je crois que les vues les plus larges de John Smith (et de Sir John Smith et de John Smith K. C.) l'emporteront sur ses fins égoïstes — et qu'il en sera de même de Jean Dupont, et de Hans Meyer, et des autres. Il se peut qu'il y ait des émeutes çà et là ; il se peut qu'il y ait d'assez chaudes affaires ; mais je ne crois pas qu'une phase exclusivement chaotique et destructive doive se produire en Grande-Bretagne ou dans aucune autre contrée de l'Europe occidentale. Tout bien pesé, je parie pour la reconstruction et non pour la révolution.

IV

JUSQU'OÙ L'EUROPE IRA-T-ELLE
DANS LA VOIE DU SOCIALISME?

MAINTES gens déclarent que cette guerre sera la fin de l'Individualisme ; que le « va comme tu veux » a été frappé à mort ; qu'il sortira de cette guerre — quoi qu'il en sorte d'autre — un État plus complètement organisé, c'est-à-dire moins individualiste et plus socialiste, qu'auparavant. Et, de fait, les plus fortes chances semblent peser dans la balance en faveur de cette thèse. Mais elles sont contre-balancées par un certain nombre de facteurs moins évidents, qui pourront très bien modifier ou renverser les conditions d'équilibre.

Dans ce chapitre, nous essayerons d'établir cet équilibre entre les deux systèmes de forces, et de deviner ce qu'il y aura de privé et ce qu'il y aura de public en Europe vers l'année 1930.

Les prophètes qui prédisent l'avènement du socialisme basent leur thèse sur trois groupes d'arguments. Ils signalent, d'abord, l'échec de l'entreprise privée dans la tâche de produire un rendement national comparable au socialisme d'État partiel de l'Allemagne, et les graves dangers spécifiques inhérents à la propriété privée, que cette guerre a mis en lumière ; ensuite, les nombreuses pointes que l'Angleterre, par exemple, a dû pousser bon gré mal gré, sous la pression de la guerre, vers le socialisme pratique ; enfin, les nécessités évidentes que l'Empire britannique et tous les Alliés trouveront devant eux après la guerre, nécessités auxquelles les efforts individuels isolés ne sauraient faire face.

Tous ces arguments impliquent l'hypothèse que la compréhension générale de l'intérêt commun suffira à triompher des motifs égoïstes et des intérêts de classes : hypothèse pour le moins hasardeuse. Mais, de toutes choses, celle qui peut le mieux tenir en haleine la compréhension générale de l'intérêt commun, c'est la conscience d'un danger commun ; et nous sommes déjà arrivés à la conclusion que l'Allemagne sera vaincue mais non anéantie dans cette guerre, et qu'il lui restera suffisamment de vigueur et de haine, suffisamment de

son nationalisme nauséabond, non seulement
pour rendre la continuation de l'Alliance après
la guerre nettement désirable et très probable,
mais aussi pour maintenir dans l'esprit public,
pendant une ou deux générations, cette conscience d'un danger commun, la plus propre à
assurer la mise au rancart des revendications
égoïstes et ruineuses pour la nation. Il nous
faut maintenant examiner d'un peu plus près
les conséquences de ces faits.

Ce furent les faiblesses de l'Allemagne, et
non sa force, qui furent cause de cette guerre.
Les faiblesses de l'Allemagne, c'est-à-dire son
impérialisme, son « junkerisme » et son nationalisme sentimental ; les deux premiers ne
voulaient d'autre ascendant pour l'Allemagne
que celui qui serait acquis par la force ; et,
joints au dernier, ils rendirent l'idée de l'ascendant germanique intolérable à l'humanité
entière. « Plutôt la mort », pensâmes-nous. Et
si l'Allemagne n'avait rien été de plus que sa
Cour, son junkerisme et son nationalisme, le
système entier se serait écroulé sous le mépris
et l'indignation du monde dans l'espace d'une
année.

Mais la force de l'Allemagne l'a sauvée de
cette catastrophe. Car elle était, à la fois, le plus
archaïque et le plus moderne des États. Elle

était le Hohenzollern, qui voulait être César et arborait un noir aigle héraldique emprunté à la Rome impériale; et elle était aussi le plus scientifique et le plus socialiste des États. Ce furent sa science et son socialisme qui tinrent en échec les vengeurs de la Belgique pendant plus d'un an et demi. Si elle a échoué en tant que conquérante, elle a réussi en tant qu'organisation. Son ambition a été contrecarrée, et l'excellence de sa méthode a été démontrée. Elle sera, je le crois, assez complètement vaincue dans la lutte d'endurance qui se livre en ce moment, pour être obligée de restituer jusqu'au dernier arpent de terrain qu'elle a conquis; il se peut qu'elle perde la plus grande partie de son empire colonial; il se peut qu'elle soit contrainte de se moderniser jusqu'à abdiquer son impérialisme militant; mais elle aura du moins la satisfaction de causer, chez les principaux de ses antagonistes, des changements bien plus profonds qu'elle-même n'en aura à subir.

L'Allemagne des Hohenzollern a reçu le coup de grâce à la Marne; l'Allemagne que nous combattons aujourd'hui est l'Allemagne d'Ostwald et de Krupp. Il semble qu'elle n'ait fait que dépouiller un masque qui l'aveuglait elle-même. Sauf pour ce qui était de son chef

et de son idéal national, elle était méthodique
et civilisée : elle le deviendra complètement.
Mais l'Angleterre, la Russie, la France contre
lesquelles elle lutte, sont des nations riches
d'un esprit nouveau, aux possibilités infinies.
Elles sont en train de se transformer bien plus
complètement que l'Allemagne. Elles sont en
train de se transformer, non pas malgré la
guerre, mais à cause même de la guerre. Ce
n'est qu'en se transformant qu'elles pourront
être victorieuses. Et si elles ne le sont pas, alors
elles seront bien forcées de se transformer. Ce
n'est pas seulement qu'elles se débarrassent
d'un certain nombre de vieilles choses, mais
qu'elles établissent à l'intérieur d'elles-mêmes
de nouvelles organisations, de nouveaux et plus
féconds rapports sociaux, qui dureront longtemps après le règlement de comptes — encore
lointain.

Ce que cette guerre a fait pénétrer dans la
conscience de tout homme intelligent qui n'appartient pas au système allemand, plus radicalement que n'auraient pu le faire les discussions et les expériences du temps de paix,
eussent-elles été prolongées pendant des générations, est une double leçon, que l'Allemagne
avait déjà assimilée en grande partie lorsqu'elle
commit la bévue de s'engager dans cette

guerre ; c'est, d'abord, le gâchis et les dangers de l'individualisme ; ensuite, l'impérieux besoin d'une méthode scientifique dans les affaires publiques. Le gâchis et les dangers de l'individualisme ont reçu une série d'illustrations frappantes, en Europe et en Amérique, depuis le début de la guerre. S'il existait vraiment une propagande socialiste, si les organisations socialistes étaient autre chose qu'une misérable petite porte dérobée qui ramène à la politique du moment, ces leçons des faits martèleraient à l'heure actuelle les oreilles de tous. Il peut être intéressant de passer en revue certains des exemples les plus marquants.

L'extrême dislocation des services de transports exploités par la propriété privée, en Grande-Bretagne, à l'heure actuelle, fournit peut-être le meilleur exemple du gâchis qui résulte de l'individualisme. Il n'y a aucune raison profonde pour qu'en Angleterre la nourriture et le combustible soient beaucoup plus chers qu'en temps de paix. Les mêmes zones intérieures sont en exploitation ; les mêmes ressources sont accessibles à l'étranger ; en fait, davantage de ressources étrangères nous sont accessibles, puisque nous avons intercepté celles qui, dans les conditions normales, seraient allées à l'Allemagne. Le blocus de l'Angleterre

par sous-marins est maintenant un facteur négligeable dans cette question.

Et pourtant, malgré ces conditions, qui sont
de notoriété publique, il y a eu, et il y a encore,
une hausse incessante du coût de la nourriture,
du charbon, et de toutes les denrées indispensables. Cette hausse entraîne une hausse cor-
respondante dans le coût de fabrication de maint
article, et contribue ainsi doublement à la pénurie générale. Ceci est l'aspect domestique
d'un mal qui a aussi son côté militaire : car il
ne suffit pas de fabriquer des munitions ; il
faut aussi les livrer. L'Angleterre souffre gra-
vement de l'engorgement de ses voies ferrées,
au double point de vue du rendement social et
militaire ; et elle en souffre parce que son système de chemins de fer, au lieu d'être organisé
comme un vaste et unique système national
distributeur, s'est développé dans de fâcheuses
conditions de concurrence et de chasse aux dividendes.

Chaque grande compagnie et chaque société
a exploité ses propres zones, créant des difficultés et faisant preuve d'esprit d'agression aux
limites de sa sphère d'influence ; ici, ce sont
des jonctions mal comprises ; là, des services
qui fonctionnent en double inutilement ; chacune de ces compagnies, ou presque, occupe à

Londres un terrain coûteux pour ses entrepôts, ses gares d'évitement et ses voies de déchargement; nulle ne se soucie d'une corrélation adéquate avec les autres ; de vastes régions du comté de Londres sont couvertes de leurs trucks inemployés et de leurs provisions de charbon séparées; dans mainte ville provinciale on trouve deux ou même trois gares à des extrémités opposées de la ville; les rues sont pleines des camions et des voitures des différentes compagnies, distribuant avec une fastidieuse lenteur des marchandises dont la livraison pourrait être organisée — avec dix fois moins de travail et de perte de temps — à un dépôt central de triage, si la chose existait. Et chaque système a son personnel distinct et nombreux, inaccoutumé à travailler de concert avec le personnel du système voisin.

Depuis le début de la guerre, le gouvernement a assumé la direction générale de ce mécanisme désarticulé; mais il est impossible à quiconque voyage en Angleterre en ce moment et sait se servir de ses yeux, de ne pas constater — dans ces kilomètres de trucks chargés qui sont en souffrance sur toutes les voies latérales — les preuves flagrantes d'une congestion néfaste et maintenant presque irrémédiable. Les trucks de chaque système distinct auxquels il arrive d'en emprunter un autre, s'en retournent au leur propre, pour la plupart, *à vide ;* et des milliers de trucks possédés par des particuliers, qui ne véhiculent de marchandises que dans un sens, encombrent nos gares d'évitement. L'Angleterre gâche ses hommes et son temps, dans des proportions désastreuses, grâce à ces changements de voies et à toutes ces manœuvres inutiles.

Voici, touchant de près les vies de tous les citoyens, un exemple du gâchis qui procède spontanément de la méthode individualiste, de la méthode qui consiste à laisser les services publics s'organiser n'importe comment, sans leur tracer de plan, sans qu'ils aient d'autre but que la recherche du profit individuel.

Une seconde série d'imperfections que la guerre a révélées dans le trop individualiste État anglais, est le manque absolu de connexion entre le profit individuel et le bien public. Pour ce qui est des intérêts du capitaliste, il n'importe que son argent soit placé en Angleterre ou à l'étranger, que ses marchandises soient manufacturées à Londres ou à Tombouctou. Mais qu'en résulte-t-il ? A l'ouverture de la guerre, l'Angleterre découvrit qu'une vingtaine d'industries indispensables avaient disparu du pays, parce que cela ne « rapportait » à aucun particulier de les y maintenir. La disette des produits de teinture a été abondamment discutée comme un cas typique. Un autre, beaucoup plus grave et dont on peut parler à présent, fut la disette du zinc. Un mois ou deux après la déclaration de guerre, l'Angleterre dut prendre d'urgence des mesures énergiques pour mettre la main sur cet ingrédient essentiel à la fabrication des douilles de cartouches. L'individualisme avait laissé l'affinage du zinc émigrer en Belgique et en Allemagne. Ce fut la chance de l'Angleterre, plutôt que son mérite, si une ou deux affineries en décadence existaient encore.

Et l'on vit plus fort encore, en ce qui concerne les ressources métalliques de l'Angleterre. Dans un système individualiste, on a le droit de vendre au plus offrant, et n'importe qui peut acheter, d'où qu'il vienne, pourvu qu'il ait de l'argent. On découvrit que d'énormes quantités de minerais coloniaux étaient accaparées par des syndicats allemands semi-nationaux, lesquels avaient à tâche de subvenir le moins possible aux besoins de l'Empire britannique. Et ceci n'est qu'un exemple entre beaucoup d'autres qui ont démontré que, tandis que le développement industriel est encore en grande partie, chez les Alliés, une lutte confuse de capitalistes à courtes vues,

aux esprits nullement scientifiques, avides de
profits égoïstes, en Allemagne il est conduit
de plus en plus, depuis quelques années,
selon un plan collectiviste et clairvoyant. En
face des capitalistes et des millionnaires anglais et américains, relativement impuissants
et isolés par leur méfiance, l'Allemagne se
dresse comme un rival unique, comme un
seul grand capitaliste. Elle a partout travaillé
selon un plan large. Contre son vaste système électrique national, par exemple, il n'y
aurait qu'un autre système national qui pourrait soutenir la concurrence. Dans l'état où
étaient les choses avant la guerre, l'Allemagne
— sous couleur d'affaire commerciale — four-
nissait de lumière et de communication électrique (et espionnait) les forts de Liége. Elle
avait acheté et aménagé maint centre stratégique dans la Belgique et la France individualistes.

Ainsi, nous passons du fait que l'individualisme est un gâchis sans espoir au fait que
l'idéal individualiste admet une vénalité sans
limites. Qui peut payer peut régir. Et l'Allemagne, dans ses machinations longuement
préparées contre ses rivaux individualistes, ne
s'est pas seulement mise en devoir d'acheter
et de manœuvrer les clés de leur mécanisme

économique ; elle s'est mise en devoir — avec
un certain manque de tact, il faut l'avouer, et
sans grand succès, mais avec une vigueur sans
pareille — d'acheter les esprits de ses adversaires. Les nations occidentales ont mis un
orgueil tout spécial à avoir une presse libre,
c'est-à-dire une presse que n'importe qui peut
acheter. Notre presse est achetée et vendue
journellement, en gros et en détail, par les
financiers, les courtiers d'annonces, les partis
politiques, etc. L'arrivée de l'Allemagne sur le
marché a été trahie par le bruit, et, dans une
large mesure, les grands journaux vivent dans
des maisons de verre ; mais ses efforts ont été
suffisants pour que se pose à l'esprit de bon
nombre de gens le problème de ce qui aurait
pu arriver, en fait de désordre national, si
l'attaque allemande avait été combinée plus
habilement....

Ce n'est résoudre le problème qu'à moitié,
que de répondre qu'un pays aussi nationaliste
et agressif que l'Allemagne est incapable de
combinaisons subtiles. Le fait est là, qu'en
Angleterre, à l'heure actuelle, il y a des propriétaires de journaux dont l'acquisition, fût-
ce à dix millions de livres par tête, serait un
marché avantageux pour l'Allemagne ; et que
le système individualiste n'offrait aucune

garantie efficace — si ce n'est notre chance et
le patriotisme des individus intéressés — qui
empêchât l'Allemagne de conclure ces mar-
chés avant que le commerce avec l'ennemi fût
devenu illégal. Le hasard voulut, par exemple,
que Lord Northcliffe fût animé d'esprit de
dévouement au bien public. Ce fut la bonne
fortune de l'Angleterre plutôt que son mérite.
Il n'y avait rien, dans le système individualiste en soi, qui empêchât l'Allemagne d'acheter toute la presse Harmsworth : *Times*, *Daily
Mail*, etc., cinq ans avant la guerre. et de
l'employer à semer le trouble dans l'esprit de
la nation, à détruire l'unité nationale, à
sacrifier les intérêts et à tromper les vœux
nationaux.

Non seulement les journaux eux-mêmes,
mais les dépôts de journaux et les librairies
d'Angleterre et d'Amérique sont à la disposition de toute puissance ennemie qui se
met en devoir de les acheter subrepticement
et systématiquement. Ce n'est qu'une simple
affaire de richesse et d'habileté. Et si l'échec
de l'Allemagne, dans sa tentative de mainmise
sur la presse des pays de langue française et
anglaise, a été éclatant, il n'en a pas été de
même ailleurs — en Espagne par exemple. En
ce moment, *elle fait l'éducation* de la pensée

et des sentiments des pays de langue espagnole contre les Alliés. La pensée de l'Espagne a été vendue par ceux qui en avaient la garde, entre les mains de l'Allemagne.

Le désordre et la vénalité n'épuisent pourtant pas la liste des vices flagrants de l'individualisme. L'individualisme favorise la désertion et la trahison. L'individualisme permet à de vils égoïstes de lever le pied en emportant les ressources nationales, et de tirer profit des souffrances nationales. Au début de la guerre, par exemple, quelques cerveaux ingénieux conçurent l'idée d'un accaparement des produits pharmaceutiques. Ce n'est pas interdit par la loi ; c'est tout à fait le genre de choses que l'esprit individualiste apprécie comme hautement méritoire. Comme le disait récemment le *New Statesman* : « Les heureux détenteurs du stock mondial de quelques médicaments indispensables, ne se gênèrent pas pour faire payer, non seulement aux divers gouvernements, mais à tous les gens malades, des prix doublés, voire décuplés, pour des ingrédients essentiels au soulagement de la souffrance et à la conservation de la vie. Nous ne saurons probablement jamais quelles fortunes furent ainsi réalisées, pas plus que nous ne saurons l'histoire des hommes, des femmes et des enfants qui souffrirent et moururent parce qu'ils ne pouvaient payer, non pas le prix de revient de ce qui les aurait sauvés, mais le prix accru sans raison, que les hasards du marché permirent aux possesseurs d'exiger. »

Et un autre exemple frappant du système de valeurs de l'Individualisme, est la location des navires marchands anglais à des affréteurs neutres, juste au moment où la nation a un urgent besoin de tous les bateaux disponibles ; et aussi le transfert en Amérique d'un certain nombre d'industries anglaises — transfert calculé tout exprès pour éviter de payer une juste part des dépenses nationales sous forme de taxe. Les Anglais qui ont émigré en Amérique à différentes époques ont été des gens de trempe très diverse. En haut de la liste, sont les puritains qui partirent sur le « Mayflower » ; en bas, la guerre inscrira maint nom nouveau...

Et peut-être un témoignage encore plus convaincant de la corruption de ces « gens d'affaires » que certaines voix isolées invitent — à notre grand effarement — à venir nous gouverner, est-il cette méfiance incurable qu'ils ont semé dans l'esprit du prolétariat. Jamais atmosphère de discipline ne fut plus lamentable que celle qui règne dans les usines, les ateliers et les services d'utilité publique exploités par l'entreprise privée, en Amérique et dans l'Europe occidentale. Il est évident que les ouvriers *s'attendent* à être volés et trompés à tout coup. Je ne puis expliquer leur état d'esprit qu'en supposant qu'il leur est effectivement arrivé d'être volés et trompés. Le mépris dans lequel ils tiennent la bonne foi de leurs patrons, est sans limites. Leur « moral » est miné par une invincible méfiance. Ce n'est pas avec une demi-heure d'éloquence de temps en temps que M. Lloyd George guérira le mal accumulé pendant un siècle. Quand la Grande-Bretagne, à l'heure du besoin suprême, fait appel à l'ouvrier qu'elle a accoutumé aux méthodes de l'individualisme pendant un siècle, elle récolte la moisson que l'individualisme a semée. Il lui faut mener la lutte avec ce boulet au pied. Tous les règlements promulgués pour la mobilisation rapide du travail sont épluchés, par les intéressés, pour y trouver la supercherie cachée.

Et ils l'y trouvent la moitié du temps. Car l' « expérience des affaires », individualiste et avisée, a dit son mot à l'oreille de celui qui a fait le projet de loi. Un homme appartenant

à un système individualiste n'échappe pas
aux idées et aux préjugés de classes par le
fait qu'il devient fonctionnaire. Il y a une
profonde, une amère sagesse dans l'immense
méfiance des travailleurs anglais à l'égard de
la conscription, tant militaire qu'industrielle....

La faillite de l'individualisme a été si complète en Grande-Bretagne, que nous assis-
tons maintenant à ce spectacle du vaste et
séculaire royaume se reconstruisant bon gré
mal gré, cependant qu'il livre la plus grande
guerre de l'histoire. On a improvisé une nationalisation temporaire des transports par terre,
et ce n'est que l'influence politique immense et
profondément enracinée des armateurs et des
propriétaires de houillères qui a différé la
nationalisation de la marine marchande et
des mines de houille — mesure éminemment
nécessaire. Je ne crois pas qu'elle puisse être
différée jusqu'au bout de la longue lutte qu'il
nous reste encore à soutenir, si nous voulons
que le militarisme allemand soit vraiment
entravé et discrédité. C'est l'expropriation et
non la conscription qui sera la preuve suprême
de fidélité que l'Angleterre pourra donner à
ses Alliés.

Les armateurs anglais, en particulier, retirent
de la guerre des profits énormes mais pré-

caires. Le blocus de l'Angleterre par les armateurs anglais est à peine moins efficace que le blocus de l'Allemagne par l'Angleterre. Alors que nous avons un urgent besoin de tous nos bateaux pour le transport des approvisionnements nationaux, les bateaux anglais transportent encore à l'heure actuelle des automobiles américaines de camelote en Australie ; ils transporteraient des munitions en Allemagne, si leurs propriétaires croyaient avoir quelque chance de ne pas s'y faire pincer. Ces armateurs anglais forment une classe grassement rentée, munie d'une grande influence politique et sociale ; et, sans aucun doute, aussitôt que la pression sans cesse croissante de la lutte se fera sentir au point d'amener une restriction sensible de leurs avantages et de leurs espoirs, nous les verrons se ranger aux côtés du groupe — négligeable pour l'instant — des pacifistes anglais. Je ne crois pas qu'on puisse espérer que leur égoïsme et leur traîtrise aient des limites.

Je crois que les calculs de ces « pacifistes » extrêmes, si déraisonnables au premier abord, sont justes. Avant la fin de la guerre il y aura gros à gagner dans le bateau pacifiste. Les riches chenapans de West End donneront la main aux chenapans prolétaires de la Clyde.

Il y a de vilains moineaux dans toutes les classes, mais je doute qu'ils soient en majorité dans aucune.

Je ne crois pas que les intérêts de quiconque puissent barrer la route à la ferme volonté du peuple entier de mener cette lutte jusqu'à une conclusion triomphante, à n'importe quel prix. Je ne crois pas que les liens les plus sacrés d'amitié personnelle avec des gens influents puissent assurer l'impunité aux armateurs, aux propriétaires de houillères ou aux fournisseurs de l'armée, jusqu'à la fin de la lutte.

Et, d'ailleurs, la fin ne viendra pas tant que ce genre d'enrichissement ne sera pas enrayé. Les indispensables « conscriptions de la propriété » ne peuvent manquer d'être faites en Angleterre, parce que, si elles ne le sont point, ce sera la défaite, et que les Anglais ne supporteront pas la défaite. Je crois qu'à la fin de la guerre, non seulement les transports par terre, mais la marine marchande, les houillères, et une grande partie de l'organisme producteur et distributeur des denrées alimentaires, auront cessé d'être sous l'administration de la propriété privée et seront sous une espèce d'administration publique provisoire. Et une grande partie des usines anglaises sera dans le même cas.

Il y a deux ans, personne n'aurait osé prédire les remaniements extraordinaires du mécanisme industriel qui se font en Angleterre, à l'heure actuelle. Des milliers de firmes d'ingénieurs et d'industriels de toutes sortes, qui étaient florissantes en 1914, n'existent plus aujourd'hui qu'à l'état de simples noms, de cadres et d'enveloppes vides. Leur personnel a été disloqué, éparpillé, reconstitué ; leurs bâtiments agrandis et modifiés ; leur matériel d'exploitation remplacé, remanié ou réquisitionné. Tout cela constitue, en fait, une vaste usine nationale où tout se tient et qui eût semblé incroyable à Fourier.

Il sera tout aussi impossible de faire rentrer le système industriel anglais dans les usines et les cadres d'avant-guerre, qu'il le serait de rétablir l'Empire carthaginois. Il y a aujourd'hui une nouvelle Angleterre économique, hâtivement improvisée sans doute, construite tant mal que bien, géant sans grâce et criblé d'imperfections, mais géant qui s'enflera peut-être jusqu'à des proportions que le système national allemand n'a jamais atteintes. Et par derrière il y a une *idée*, une idée nouvelle, l'idée qu'une nation est un grand système économique où tout marche d'un commun accord ; idée qu'un demi-siècle n'aurait pas suffi à faire pénétrer dans l'intelligence anglaise, apathique et conservatrice, par des moyens autres que les nécessités brutales de cette guerre.... La Grande-Bretagne ne peut revenir sur ses pas, même si elle le voulait, et sera donc forcée d'aller jusqu'au bout de ce processus de reconstruction. Et ce qui arrive en Grande-Bretagne se produit nécessairement aussi — avec les nuances propres à chaque nation — en France et en Russie. Non seulement pour des fins belliqueuses, mais pour des fins pacifiques, derrière le front, soutenant le front, les individualités diverses sont en train d'être refondues en un système harmonieux d'activités collectives.

A la fin de la guerre, l'Angleterre se trouvera donc à la tête de cette vaste usine nationale, de cette vaste organisation nationale du travail, destinée tout d'abord, il est vrai, à la fabrication du matériel de guerre, mais qu'il sera extrêmement facile d'infléchir vers la fabrication des automobiles, la reconstruction des moyens de transport, les industries électriques et autres choses semblables.

La France et la Russie seront dans une situation analogue. Le monde entier sera épuisé, et aucun des Alliés n'aura beaucoup d'argent à consacrer à l'importation des automobiles, du

matériel de chemins de fer, des appareils électriques, etc. De plus, ce sera pour eux une nécessité vitale que de prendre de l'avance sur
les puissances centrales pour ce qui est de la
production industrielle. Nous serons tous trop
pauvres pour acheter à l'Amérique, et ce sera
folie que d'acheter à l'Allemagne. L'Amérique
sera le pays à la bourse pansue, plus disposée
à acheter qu'à vendre. Chaque contrée aura ses
soldats qui attendront en masse d'être rendus
à la vie industrielle, et n'aura par conséquent
nulle envie de dissoudre les organisations productrices qu'elle aura sous la main. Devant
ces faits, y aura-t-il parmi les Alliés un seul
pays assez fou pour licencier ce vaste système
d'usines nationales et de transports exploités
par la nation ? De plus, nous avons déjà risqué
la prophétie que cette guerre ne se terminera
pas d'une façon si conclusive qu'elle justifie la
transformation immédiate de nos épées en socs
de charrues. Il y aura une raison militaire aussi
bien qu'une raison sociale pour maintenir les
usines nationales en état d'activité.

Quoi de plus simple dès lors, pour les y
maintenir, que de les appliquer à la production
d'objets de nécessité publique urgente ? Il y a
dans l'industrie moderne un certain nombre
d'articles qui se fabriquent selon un type à peu

près fixe : la bicyclette, la montre à bon marché, l'automobile de livraison du commerçant, le teuf-teuf du docteur de campagne, maint appareil d'éclairage électrique, les dynamos, etc. L'architecture navale rentre aussi dans une catégorie similaire. La partie chimique de la fabrication des munitions peut être appliquée sans grande difficulté à la fabrication de produits tels que les teintures.

Ainsi, de deux choses l'une, ou bien il faut que l'État continue cette production, comme il lui est loisible de le faire, aussitôt la signature de la paix, accomplissant le changement avec un minimum de friction, prenant ses soldats comme employés à mesure qu'ils seront libérés, avec un minimum de perte de temps et de désordre social et un maximum d'avantage dans la reprise du commerce extérieur ; ou bien ce sera le dangereux fiasco du système d'usines nationales ; ce seront des années de terrible chaos et de douloureux chômage, jusqu'à ce que le capital se soit accumulé pour repartir sur de nouveaux frais. Les risques de convulsion sociale seront énormes. Et il y a peu d'espoir que les puissances centrales, et en particulier l'Allemagne industrielle, aient la courtoisie de nous attendre pendant les dix ou douze années de difficultés économiques qu'entraînera le refus de faire cette entrée décisive dans le domaine du socialisme scientifique.

Il faut que le prophète soit sur ses gardes contre la tendance à supposer que, du fait qu'une chose est éminemment désirable, elle doit nécessairement se produire, ou que, du fait qu'elle est dangereuse, on pourra l'éviter. Cette reconstruction économique heureuse et hardie, à base nationale, n'est pas inévitable du simple fait que tous les raisonnements logiques nous indiquent cette voie. Quand un homme est très malade et qu'un certain médicament s'indique clairement comme le seul remède efficace, il ne s'ensuit pas forcément qu'on puisse se procurer le remède en question, que le docteur ait le bon sens de le prescrire ou le malade les moyens de l'acheter ou l'intelligence de l'avaler.

L'histoire nous enseigne que les nations ne suivent pas la ligne de conduite qui apparaît clairement comme la meilleure, mais celle qui apparaît clairement comme la moins bonne. Le prophète qui vous parle ne connaît que son Angleterre ; mais pour ce qui est de l'Angleterre seule, il lui serait facile de couvrir une feuille de papier, sans presque s'arrêter, de l'énumération des innombrables forces propres à contrarier cette reconstruction rationnelle.

La plupart de ces forces, dans des proportions plus ou moins grandes, doivent exister dans le cas de toutes les autres nations intéressées.

L'ombre la plus noire qui pèse sur l'avenir de la civilisation européenne, à l'heure présente, n'est pas la guerre ; c'est la faillite évidente de tout esprit de coopération entre le prolétariat et les classes dirigeantes. Voici un siècle que les classes instruites, les classes de loisirs, sont pourries d'individualisme ; elles ont ruiné la confiance de l'ouvrier en quelque autorité que ce soit. Le prolétariat se tient à l'écart, intraitable. Or, pour que se produise cette conversion rapide du mécanisme économique, que réclament les circonstances et les besoins de ces temps graves, il faut que le prolétariat soit dans la confidence de ceux qui désirent l'accomplir. Il faut qu'il reprenne confiance, il faut qu'on l'éclaire. Il faut qu'il sache clairement ce qu'on est en train de faire ; il faut qu'il soit un coopérateur consentant. Plus que toute autre section de la nation, le prolétariat devrait brûler de faire le pas décisif vers le service économique obligatoire et le socialisme.

La première chose à faire pour redonner confiance au prolétariat, doit être d'imposer au propriétaire avide et au spéculateur une discipline infiniment plus sévère qu'elle ne l'est à l'heure actuelle. La classe possédante accuse sans cesse le prolétariat d'être ignorant, méfiant, rebelle : elle ne se rend pas compte qu'elle est elle-même intéressée par tradition, avide, suffisante et instruite à moitié.

Chacune des mesures nécessaires à la mobilisation des vastes ressources de l'Angleterre pour les besoins de la guerre, a été entravée par les supercheries, le manque de compréhension et la déloyauté presque instinctive des propriétaires privés. La hausse des loyers à Glasgow a poussé à la grève, presque à leur corps défendant, les ouvriers exaspérés du district de la Clyde. C'était un acte d'égoïsme révoltant, tout à fait typique de l'état d'esprit individualiste. Et l'incapacité où le gouvernement s'est trouvé de le prévenir ou d'y mettre le holà, est un échec plus grave que celui de la baie de Suvla. Et partout, les fonctionnaires du Ministère des Munitions se heurtent à des patrons soucieux de soustraire leurs ouvriers et leur matériel à la fabrication des munitions, et occupés à intriguer — plus spécialement par l'intermédiaire du *Board of Trade* — pour obtenir que toutes sortes d'industries organisées en vue du profit privé soient reconnues comme fabriques de munitions ; ou, si cette prétention

est par trop absurde, pour qu'elles soient reconnues comme des industries essentielles au
maintien du commerce d'exportation anglais et
à la situation financière du pays. C'est un fait
indéniable que patrons comme ouvriers ont
fait preuve de beaucoup plus d'empressement
à risquer leur vie pour leur pays, qu'à abandonner le taux coutumier de leurs gains.

Ce conflit entre l'entreprise individuelle et
les méfiances de classe d'une part, et de l'autre
la synthèse nécessaire au bien public, n'est pas
particulier à la Grande-Bretagne ; sans doute
a-t-il lieu, avec des variations locales, en Allemagne, en Russie, en Italie, en France et dans
toutes les contrées belligérantes. Ce sont les
forces et les sentiments individualistes qui nous
empêchent tous — alliés ou antagonistes — de
retirer le maximum de résultat de nos efforts
nationaux. Mais en Allemagne il y a une plus
forte tradition de subordination, et en France
une plus grande lucidité d'esprit, qu'en aucun
autre pays.

L'Angleterre et la Russie présentent, sur ce
point comme sur tant d'autres, à la fois une
étroite parenté et un frappant contraste. Toutes
deux ont leur pensée paralysée par un système
d'éducation falsifié d'orthodoxie religieuse officielle ; toutes deux sont entravées par une Cour

qui décline toute fonction de stimulant intellectuel. Ni l'une ni l'autre ne possède une *classe* formée à la discipline scientifique, et dont on puisse attendre une action vigoureuse en cette grande occasion ; et toutes deux ont, d'autre part, acquis, dans ces conditions désavantageuses, la même étonnante faculté de faire sortir, de confusions illogiques, des résultats pleins de bon sens. C'est le propre de ces puissances nullement méthodiques que de manifester soudain une activité cérébrale inattendue, vaguement formulée, mais pourtant efficace, qu'elles ont tout l'air de se tirer de la colonne vertébrale.

Tandis que je suis là, à faire mes expériences de prophétie, à tourner et à retourner dans mon esprit les multiples impressions de l'année écoulée, cherchant à établir l'équilibre entre les impérieuses nécessités des temps, d'une part, et, de l'autre, les obstacles et la mesquinerie d'esprit, je prends de plus en plus conscience d'un troisième facteur, qui n'est ni la nécessité des temps ni les obstacles contraires, mais cette *volonté de rectification* que la guerre a déchaînée.

Le nouvel esprit ne s'exprime encore que très imparfaitement ; mais il s'exprimera pleinement un jour. La guerre dure toujours, et nous discutons cette question de la reconstruction économique, comme si la solution devait s'établir entre les travailleurs restés à l'arrière, d'une part, et, de l'autre, les « gens d'affaires » — vieilles gens pour la plupart, aux vieilles habitudes d'esprit — restés à l'arrière aussi. Or, ce n'est ni dans l'un ni dans l'autre de ces deux partis adverses que se décide la vie à venir de l'Europe. La vie de l'Europe, elle est à l'œuvre en silence, en ce moment ; elle parle peu, à cause du rugissement de la canonnade ; elle apprend du nouveau peut-être, mais surtout elle se défait de vieilles habitudes et dépouille des idées fausses. Dans les tranchées, il y a des ouvriers qui ont rompu avec la tradition de tirage au flanc et de sabotage, et il y a de futurs patrons qui ne pensent plus à s'enrichir. Les hommes de dix-huit à quarante ans sont très occupés en ce moment, dans la boue et dans le sang, pour s'affirmer hautement. Mais demain, ils seront la Nation.

Quand on introduit ce troisième facteur dans le problème, la perspective d'avenir s'améliore.

On peut compter sur *l'esprit de guerre* pour contre-balancer et vaincre cet esprit d'individualisme, cet esprit de méfiance et de déloyauté que je crains plus que tout au monde.

Je crois en la jeune France, en la jeune Angleterre, en la jeune Russie que cette guerre est en train de former, et, en conséquence, je crois que toutes les contrées européennes s'achemineront, malgré les obstacles, dans la voie que cette guerre leur a ouverte, jusqu'à la réalisation d'un état plus complètement organisé qu'il n'en exista jamais auparavant. Les puissances alliées deviendront des firmes nationales, comme, en fait, l'Allemagne était déjà en train de le devenir avant la guerre ; elles mettront le profit individuel au rancart, dans l'intérêt général ; elles exploiteront comme des entreprises nationales l'agriculture, les transports, la marine marchande, les houillères, les ressources métalliques, la fabrication de mille articles essentiels.

Et les Alliés seront forcés aussi — pour répondre à l'union économique que les puissances centrales sont bien décidées à réaliser — d'unir leurs diverses firmes nationales en un immense syndicat des Alliés, qui fera commerce pour l'intérêt commun, et selon un plan collectif, avec l'Allemagne, l'Amérique et le reste du monde.... Les jeunes générations et les besoins des temps l'emporteront sur l'égoïsme, sur les inadaptables, les non-imaginatifs, les méfiants, les *badernes*.

Mais je n'ai pas la témérité de prophétiser que tout cela ira comme sur du velours, comme si c'était une conséquence toute naturelle des circonstances présentes. Même en France, je ne crois pas que les choses se passent avec cette lucidité et cette générosité. Il y aura partout conflit entre la sagesse et la ruse, entre le regard de la jeunesse et l'aveuglement des encroûtés, entre l'énergie et l'entêtement.

La réorganisation des États européens se fera maladroitement et sans grâce. A chaque pas, on verra le thésauriseur se cramponner à son magot, refusant de marcher pour se faire acheter plus cher, refusant de marcher pour obtenir tel revenu, tel dividende ou telle action, — ou refusant de marcher par pur instinct. A tout instant aussi, le braillard déploiera sa bruyante activité, braillant des soupçons, braillant des accusations, braillant la panique, ou braillant pour le simple plaisir de brailler. Ruses, malversations, entêtements, vanités.... Les hommes resteront hommes après la guerre. Mais je crois fermement qu'à travers le tapage et le tumulte, la logique péremptoire et les sûres forces constructives de la situation nous porteront. Je crois que, sortant des ruines du système capitaliste du XIX° siècle que cette guerre a mis en pièces à tout jamais, il s'élaborera, il s'élabore dès maintenant — dans cet étrange échafaudage d'usines de munitions nationales et de services publics hâtivement nationalisés — la charpente d'un nouvel ordre économique et social, basé sur la propriété nationale et le service national.

Récapitulons un peu, et voyons jusqu'où nous sommes allés dans la composition de ce tableau de la communauté européenne telle qu'elle sera dans quinze ou vingt ans. Nominalement, elle ne sera guère plus un État socialiste qu'elle ne l'est aujourd'hui ; mais en fait, les bateaux, les chemins de fer, les ressources houillères et métalliques, les grandes industries métallurgiques, une bonne partie des arts mécaniques et presque toute l'agriculture seront devenus plus ou moins complètement propriété nationale et seront, en tout cas, complètement soumis à une direction collective. Cela ne veut pas dire qu'il y aura eu disparition de la propriété privée, mais seulement qu'il y aura eu un changement considérable dans son caractère ; le propriétaire ne sera plus tant un maître, mais plutôt un créancier ; il sera un rentier d'État ou un détenteur d'annuités.

Cette classe sera pour la nation une charge

relativement moins lourde qu'elle eût pu l'être, grâce à la hausse des salaires et du prix des choses.

Dans une nation où toutes les grandes initiatives auront été assumées par l'État, l'importance des financiers et des lanceurs d'affaires aura diminué, par rapport à l'importance des fonctionnaires administratifs ; les occasions offertes à l'entreprise privée auront, en fait, tellement diminué, que le paysage social européen présentera bien moins de traces de grandes concentrations de propriété privée qu'avant la guerre.

D'autre part, il y aura une classe beaucoup plus nombreuse de rentiers d'État, qui recevront de la communauté l'intérêt des emprunts de guerre et maintiendront, dans l'ensemble, un niveau de confort assez élevé. Les capacités administratives et techniques seront très recherchées, l'éducation scientifique et technique vigoureusement stimulée. Avant 1926 nous évoluerons dans un monde qui se sera récupéré, en grande partie, de l'appauvrissement de la guerre ; nous ferons nos excursions dans des automobiles manufacturées par l'État, sur des routes excellentes ; nous vivrons dans des maisons fournies d'éclairage électrique par des usines nationales ; à tout moment nous emploierons et consommerons les produits de l'industrie nationalisée, et, par la même occasion, nous payerons la dette nationale et réduirons la charge que les rentiers d'État feront peser sur nous.

En même temps, nos fils étudieront les sciences dans leurs écoles plus complètement qu'ils ne le font à présent, et bon nombre d'entre eux apprendront le russe au lieu du grec ou de l'allemand. Il y en aura davantage qui entreront dans les fonctions publiques, moins qui songeront aux « affaires » privées ; et ils entreront dans les fonctions publiques non plus comme ronds-de-cuir, mais comme ingénieurs, comme chimistes techniciens, comme manufacturiers, comme agriculteurs d'État, etc.

Les fonctionnaires ne seront plus tant des bureaucrates, mais plutôt des gens d'expérience pratique. Les liens qui unissent la France et l'Angleterre auront été encore plus étroitement resserrés. La France, la Belgique et l'Angleterre s'achemineront vers un bilingualisme franco-anglais...

Voilà les éléments de notre tableau que nous pouvons déjà jeter sur la toile.

Il nous reste à discuter mainte chose tout à fait essentielle.

Jusqu'ici, nous avons à peine parlé de l'avenir de la politique de partis, et des problèmes gouvernementaux qui se posent à mesure que l'État cesse d'être un simple adjudicateur impartial entre divers particuliers, et assume, de plus en plus, la direction de la vie collective de la nation.

V

LA PRESSE ET L'HOMME DE LOI

L'ÉNIGME de l'administration est la plus complexe de toutes celles que doit essayer de résoudre celui qui veut se faire prophète du lendemain. Nous voyons à l'heure actuelle les grands États modernes mis en présence de vastes et urgentes nécessités, et d'occasions qui ne se reproduiront peut-être jamais. L'inévitable faillite de l'individualisme est consommée ; la théorie du *va comme tu veux* — mise en pratique dans un monde qui contenait aussi le militarisme agressif — s'est écroulée. Nous vivons dans un monde d'usines improvisées, de chemins de fer réquisitionnés et dirigés par l'État, de « remplaçants » et d'organisations de fortune. Il faut que notre démocratie moderne, veule et confuse d'esprit, se ressaisisse, qu'elle assume et mène à bien l'administration d'un vaste système de fonctions collectives,

qu'elle exprime sa volonté collective en une
formule plus satisfaisante que *va comme tu
veux* — ou qu'elle périsse.

Or, nous voyons que les affaires de presque
tous les grands États démocratiques sont entre
les mains d'une classe d'individus qui ne sont
pas particulièrement adaptés à un travail cons-
tructif ou administratif de ce genre.

Je parle ici surtout des Alliés occidentaux.
La Russie présente cette particularité d'avoir
un mécanisme administratif bien plus développé, par rapport à l'ensemble de sa vie nationale, que les contrées démocratiques libres.
Il lui faut transformer une bureaucratie qui
n'a pas passé, jusqu'ici, pour un modèle de
bonne organisation, en une bureaucratie qui
sera constructive, ouverte aux influences extérieures, libérale, scientifique et vraiment agis-
sante ; les contrées occidentales ont à faire
subir la même transformation à cette oligarchie de politiciens qui, comme le professeur
Michels l'a récemment mis en lumière dans son
remarquable ouvrage sur *Les partis politiques*,
constitue nécessairement la réalité du gouvernement démocratique. Par des méthodes différentes, les puissances de l'Europe orientale et
occidentale, ont à atteindre un but commun. La
bureaucratie et l'oligarchie pseudo-démocra-

tique ont à accomplir une tâche identique, à cimenter l'alliance pacifique des Alliés jurés, et à socialiser leur vie économique et industrielle commune, de façon à la rendre invulnérable aux attaques étrangères.

Or, en Grande-Bretagne — qui est de toutes les démocraties celle que j'ai pu observer de plus près — il s'élève à l'heure actuelle une vaste clameur contre le « politicien », et plus particulièrement contre le « politicien légiste ». C'est lui notre bête noire. Nous personnifions en lui toutes nos difficultés. Considérons donc les accusations portées contre ce personnage. Demandons-nous si nous pouvons nous passer de lui. Et voyons, en outre, quelles chances il peut y avoir de le transformer, de l'amender ou de lui faire contre-poids, de façon à réduire au minimum ce que son influence a de nocif. Passons d'abord en revue les principales accusations portées contre lui.

C'est avec une rougeur de modestie que le prophète qui vous parle récapitule ces accusations. Dès l'année 1902 il élevait la voix — pas tout à fait dans le désert, mais tout au moins dans la *Royal Institution* — contre le type d'esprit légal, en tant qu'il s'oppose au type d'esprit créateur ou futuriste. Il soutenait que l'esprit légal regarde nécessairement vers le passé ; qu'il est atermoyeur, parce qu'il n'a pas le sens des « choses qui viennent » ; qu'il n'invente rien et coûte cher ; qu'il ne crée point, mais tire parti des circonstances. C'est le type d'esprit le moins propre, en quelque circonstance que ce soit, à organiser de grandes entreprises, à dresser des plans de campagne, à affronter des risques, à mener une œuvre à bien. Sa vie mentale se cristallise en la formule : *attendre et voir venir*. Il a une étonnante force de résistance et pas d' « allant ». Et pourtant, le pouvoir a tendance, dans toutes les démocraties, à graviter vers l'homme de loi.

Dans le système anglais, les défauts normaux de l'homme de loi sont aggravés et sa prédominance accusée par certaines particularités de ce système. D'abord, il appartient à une corporation douée d'un pouvoir exceptionnel. Il se trouve qu'en Angleterre on a pris, il y a des siècles, le malencontreux parti d'*acheter* l'honnêteté de tout le corps judiciaire. Les juges et les officiers de justice anglais sont prodigieusement surpayés, afin de les rendre incorruptibles ; c'est faire à leur moralité professionnelle un compliment assez piètre, mais peut-être mérité. Nous avons suborné l'ensemble de la corporation pour qu'elle résiste aux tentatives de corruption individuelle.

De plus, les juges sont, dans les pays anglo-saxons, choisis parmi les avocats en renom ; système dont un enfant peut comprendre qu'il est démoralisant et indésirable. Et en Grande-Bretagne les plus gros salaires des services gouvernementaux sont réservés au corps judiciaire. En conséquence, les lauriers les plus alléchants qui s'offrent aux yeux de l'homme jeune et énergique qui a sa carrière à faire en Angleterre sont ceux de la magistrature ; et pour y atteindre, la route à suivre, pendant les plus belles années de sa vie, n'est pas le service public, mais l'exercice privé de la plaidoirie. Sous le stimulant de ces conditions, l'enseignement supérieur, tel qu'il est organisé en Grande-Bretagne, considère la formation d'un avocat comme son plus beau titre de gloire. Abandonner le bavardage prétentieux de l'*Union Debating Society* pour un laboratoire d'université c'est, en Angleterre, renoncer à toute ambition. Chose que peu d'hommes auront la rare énergie de faire.

Les conséquences de cet état de choses n'ont été que trop évidentes dans toute la conduite de la guerre. Le gouvernement anglais a fait preuve de la force et de la faiblesse mêmes de la grande profession qu'il représente. Il a manqué d'esprit d'invention et d'initiative ; il a

gaspillé, atermoyé, tergiversé ; mais il n'a pas
manqué d'une certaine éloquence et d'une certaine dignité ; il a été circonspect et avisé, et il
s'est cramponné à son poste avec la détermination et l'adresse tenace d'un poisson-suceur.
Et d'autre part, l'esprit public anglais est en
train de se demander, avec une ténacité et une
intensité sans exemple avant la guerre, comment il pourrait bien faire pour confier la ges-
tion de ses affaires à un type différent de gou-
verneur et d'administrateur.

Il se manifeste, dans la presse et dans bon
nombre des conversations privées que l'on
entend, une tendance à vouloir retirer complètement la direction des affaires nationales aux
hommes de loi, pour leur substituer des « gens
d'affaires », des hommes de science ou des
« experts ». C'est le chemin qui mène à la dictature et au césarisme. Et l'Angleterre — l'An-
terre elle-même — ne fait pas tellement fi de
l'exemple des autres nations, qu'elle aille tenter à nouveau ce qui a été copieusement mis en
œuvre, pour aboutir au désastre national, de
l'autre côté de la Manche. Le rôle essentiel
du gouvernement est de servir d'intermédiaire d'un homme à l'autre ; ce n'est pas
de régir les affaires nationales dans le détail,
mais de mettre la main sur les régisseurs, les

investigateurs, les administrateurs, les généraux voulus, de tenir en haleine leur activité
et de maintenir l'équilibre entre eux. Nous ne
pouvons nous passer d'une classe d'hommes
spécialement affectés à ces interventions et à
ces contrôles. En d'autres termes, nous ne pouvons nous passer d'une classe spéciale de politiciens. Qu'ils soient élus par la nation ou
nommés par un autocrate, ils deviennent indispensables à un moment donné. Et cette tâche
de servir d'intermédiaire entre hommes, entre
classes, entre branches diverses des services
publics, et de les amener à travailler de concert, cette tâche est si étroitement apparentée
aux fonctions, propres à l'homme de loi, d'arbitrage entre individus, que — à moins qu'on
y mette opposition formelle — il est à peu
près inévitable que les politiciens soient tirés
de la classe des légistes plus abondamment
que de toute autre classe de la nation.

Et cela est tellement vrai que, lorsque le
Times de Londres se détourne, en désespoir
de cause, d'un gouvernement de gens de loi, et
cherche qui mettre à sa place, le premier personnage auquel il songe est cet avocat distin-
gué, Sir Edward Carson !

Mais autre chose est de convenir que, sous
une certaine forme, le « politicien-légiste » est

inévitable, et autre chose est d'admettre que le
type actuel de légiste — qui est en si grande
partie responsable de la lenteur massive, de la
confusion dans l'action, de la négligence (car
il s'agit de négligence plutôt que de faiblesse
d'intention), dont l'Angleterre a fait preuve pendant cette guerre — soit le seul type possible.
Le système anglais d'éducation et d'organisation judiciaire n'est pas le dernier mot de la
sagesse humaine en ces matières.

Le vrai grief que nous autres Anglais avons
contre nos gens de loi n'est pas qu'ils sont des
légistes, mais — si je puis employer une expression familière et expressive — qu'ils sont de
fichus légistes. Ils apportent à leur suite dans
la vie moderne presque toutes les fautes d'une
corporation médiévale. Ils semblent n'avoir
aucune conception de l'État qu'ils pourraient
créer, aucune conception de l'avenir dont ils
pourraient décider. Leur loi et leur procédure
n'ont jamais été refondues dans le moule des
idées modernes ; leurs esprits sont encore au
diapason des chicanes médiévales, du tradition-
nalisme et de l'indifférence à la chose publique.
Ce sont des pratiques secrètes que les leurs ; ils
se sont refusés tacitement, et presque unani-
mement, à donner à l'homme du commun la
protection d'un code.

En Angleterre, nous n'avons pas eu de Napoléon pour leur passer sur le corps. C'est extraordinaire de voir avec quelle plénitude ils ont conservé leurs conceptions des temps barbares. Le docteur lui-même s'est, à l'heure actuelle, libéré en grande partie des entraves surannées du praticien domestique. Il pense de plus en plus à la santé publique, de moins en moins à son patron. Plus une profession est moderne, moins elle offre d'exemples de cette dépendance vis-à-vis d'un individu, qu'admet l'individualisme ; l'investigation scientifique, par exemple, désavoue et interdit toute dépendance de ce genre.

Mais tandis que nous serions tous choqués de voir un grand docteur, en ces temps d'urgent besoin, consacrer deux ou trois semaines aux petits bobos du bichon de quelque riche personne, nul ne se scandalise de voir sir Edward Carson et une coûteuse Cour de justice consacrer de longs jours aux discussions sordides qui ont pour sujet l'oreille du jeune M. Slingsby, et la question de savoir si c'est bien là l'oreille des Slingsby ou celle d'un enfant substitué. Question que trois commères quelconques seraient capables de résoudre. Et cela, alors qu'on nous dit que le pays attend Sir Edward Carson comme son Sauveur. Notre type idéal de l'homme de loi est plus suranné et plus mesquin que celui de tout autre individu.

Il n'y a pas plus de raisons à l'heure actuelle pour qu'un légiste considère la plaidoirie comme un emploi adéquat de ses connaissances, qu'il n'y en aurait pour qu'un docteur considérât l'empoisonnement au service d'un particulier comme le côté lucratif de sa profession. Il n'y a pas de raison pour qu'une Cour de justice fasse fi du droit évident de l'État à intervenir en toutes circonstances entre ses citoyens. Et il y a les plus excellentes raisons pour que les discussions mesquines au sujet des testaments et de la légitimité, ne gaspillent pas nos ressources nationales, alors qu'on est en train de réduire presque toutes les autres formes de gaspillage. Le vrai grief contre le corps judiciaire dans les pays anglo-saxons, n'est pas qu'il est inutile, mais qu'il est suranné, insoucieux du bien public — le tout à un degré presque incroyable — et qu'il corrompt, mutile, paralyse ou annihile tous les hommes qui y entrent.

Notre besoin urgent n'est pas tellement de proscrire le légiste de nos affaires, mais plutôt d'en proscrire l'esprit de perruque et de robe, et l'avocat consultant, et de découvrir, et de former le nouveau légiste, le légiste qui ne sera

pas un avocat, qui n'aura pas peur d'un code,
qui aura eu quelque éducation scientifique, et
dont l'imagination sera vivifiée parce qu'il aura
compris que la vie est une *occasion de créer*.
Nous voulons arracher cette profession à ses
restrictions surannées de corporation — les plus
anti-sociales et les plus désastreuses de ce genre
de restrictions — nous voulons anéantir ses traditions honteuses de surpaye et de chasse aux
honoraires, imposer une discipline scientifique
et philosophique à ses praticiens, faire considérer l'exercice de la plaidoirie comme un
déshonneur, et interdire les charges de magistrature aux avocats professionnels. Dans les
tranchées anglaises, il doit y avoir en ce moment des centaines de jeunes légistes, faits d'une
noble étoffe, à peine entamés par la corruption,
et qui ne seraient que trop heureux d'abandonner les trivialités sordides et le déshonneur
foncier de la carrière du légiste prospère selon
le mode traditionnel, pour des vies de service
social et de politique constructive....

Nul observateur de la direction générale des
événements européens n'embrassera vraiment
l'ensemble de ce qui se passe, s'il ne se rend
compte de l'importance capitale des actions et
réactions qui rayonnent autour de cette question. L'évolution des institutions politiques qui

est en train de se faire, et l'apparition possible d'un nouvel esprit et d'une nouvelle méthode dans le corps judiciaire, sont si intimement liées qu'elles constituent, en fait, une seule et même question. Peut-il y avoir une nouvelle Allemagne? Tel est le problème international. Peut-il y avoir un meilleur politicien? Tel est dans tous les pays le problème national.

Le mécontentement général du rôle joué par le légiste dans les affaires de tous les alliés occidentaux, donnera sûrement naissance à une agitation vigoureuse pour le remaniement du corps judiciaire. La guerre a exigé de tous les autres grands *trade-unions* des concessions profondes et d'importance vitale. Les ouvriers anglais, par exemple, ont rapporté quantité de mesures prohibitives contre le travail des femmes et le travail non-qualifié, mesures pour lesquelles ils avaient lutté pendant des générations ; ils ont consenti à un servage virtuel, afin que les besoins de la nation soient satisfaits ; le corps des médecins a envoyé une proportion presque trop grande de ses membres au front ; les hommes de science, les écrivains, ont supplié qu'on les emploie, en quelque qualité que ce soit, pour n'importe quel prix, ou pour rien ; le Ministère des Munitions est plein de travailleurs bénévoles, et ainsi de suite.

Seul, le corps et trade-union judiciaire anglais n'a donné aucun signe de la moindre velléité d'adoucir les prohibitions nombreuses et compliquées dont il a frappé le travail des amateurs et des femmes, ou de rabattre un centime de ses émoluments coutumiers. On n'a fait aucune tentative, par exemple, pour diminuer les coûteux officiers de loi du gouvernement, ou pour faire appel à des hommes plus vieux, ou à des femmes, afin de rendre disponibles tels officiers de justice, qui ont l'expérience et l'âge voulus pour porter les armes.

Et je dois reconnaître qu'il y a peu de signes précurseurs de l'apparition du « nouveau légiste » — possibilité vers laquelle je viens de jeter un regard d'espoir — pour remplacer l'agrégat actuel de caducité médiévale. Il semble que les avocats — du moins en Angleterre — vieillissent prématurément, à moins qu'ils ne soient nés vieux ; dans la profession du barreau, on n'entend jamais parler des « jeunes » ; on n'entend parler que des « distingués débutants ». La critique progressiste semble être, dans la profession judiciaire, à l'inverse de ce qui se passe dans toutes les autres professions, le monopole des retraités.

Néanmoins, la Grande-Bretagne ne fait que

commencer à sentir les véritables angoisses de
la guerre ; c'est avec un an de retard sur la
France, l'Allemagne et la Russie, qu'elle donne
son effort suprême ; et après la guerre il se
peut qu'elle ait à subir de pires angoisses encore ; de sorte que ce qui n'est encore qu'un
simple nuage de critique et de rancune contre
nos politiciens-légistes et notre corps judiciaire
privilégié, crèvera peut-être en un violent orage
avant 1918 ou 1919. Je suis porté à prédire
comme un des résultats les plus probables de
la révolte actuelle — vague mais considérable
— contre l'homme de loi dans la vie publique
anglaise, tout d'abord quelques projets gros-
sièrement ébauchés ou même quelques essais
de s'arranger sans lui, d'employer à sa place
des « gens d'affaires », des soldats, des ami-
raux, des dictateurs ou des hommes de science
— ce qui est un peu comme si l'on jetait un
stylographe qui crache et qu'on essaye d'écrire
avec une canne, un revolver ou une perche à
allumer le gaz — puis, quand on découvrira
que c'est impossible, un essai résolu d'assainir
et de reconstituer le corps judiciaire selon des
données modernes et plus honorables ; mouvement dans lequel il est très possible que se jet-
tent un certain nombre des plus jeunes légistes
anglais, dès qu'ils auront compris que le mou-

vement vaut la peine qu'on y risque sa carrière.
Une bonne partie de ce mouvement de réforme
sera, s'il advient, l'œuvre de la presse. Et j'entends par presse non seulement les périodiques,
mais tous les livres et toutes les polémiques contemporaines. Ce n'est que par le conflit spontané entre la presse et le politicien légiste que
les États démocratiques pourront jamais entrer
en possession de leur légitime héritage.

Et ceci m'amène à la seconde partie de cette
question, qui est de savoir si — en dehors des
possibilités de réforme et de renaissance spiri-
tuelle du corps judiciaire — il n'y a pas aussi
la possibilité de contre-balancer et de corriger
son influence. Dans l'ancienne histoire hé-
braïque — il se peut que ce soit un avertisse-
ment plutôt qu'un précédent — il y avait deux
grandes forces : l'une officielle, à la fois conservatrice et corruptive ; l'autre indépendante,
à la fois créatrice et destructive. C'étaient, d'une
part, le prêtre, de l'autre, le prophète. Le conflit actuel entre le politicien-légiste et la presse,
dans les démocraties anglo-saxonnes, reproduit
avec un frappant parallélisme le conflit de ces
deux forces. Si le politicien-légiste est inévitable, la presse est indispensable. Ce n'est pas
dans le corps à corps, les manœuvres et les
corrections mutuelles des partis, mais dans le

conflit fondamental entre l'autorité politique, d'une part, et la presse, de l'autre, que réside, de toute évidence, l'avenir du gouvernement démocratique. Dans le cas plus simple et plus net de la France la réaction s'établit entre un type de légiste plus noble et moins grassement payé, et une presse moins impersonnelle. C'est dans les grands contrastes et le parallélisme foncier des systèmes démocratiques français et anglo-saxon que l'on trouve la meilleure raison de fait pour prédire des changements très profonds dans ces deux concomitants inévitables de la démocratie : la presse et le politicien-légiste, et pour admettre que les méthodes démocratiques offrent encore un vaste champ d'expériences possibles pour l'ajustement du conflit ; cet essai d'ajustement sera l'urgent et primordial problème de la vie politique dans tous les pays du monde pendant les quelques décades à venir.

Le politicien-légiste et la presse sont pour ainsi dire la main gauche et la main droite des démocraties modernes. La guerre l'a clairement mis en lumière. Elle a rompu les liens, depuis longtemps relâchés, qui unissaient tel ou tel journal à tel ou tel parti. Depuis des années la presse de toutes les démocraties modernes se détachait lentement de la tradition — plus durable et plus florissante en Angleterre que partout ailleurs — que les journaux étaient des organes de partis.

Dans les romans de Disraëli la presse apparaît sous les traits d'un personnage aux empressements équivoques, que les gros bonnets politiques invitent à dîner, admettent même parfois à leurs conciliabules de « fin de semaine ». Il prend les ordres des pairs whigs ou des pairs tories ; tout au plus se permet-il de leur donner de respectueux conseils. Mais cela se passait au crépuscule de l'oligarchie anglaise, avant que la démocratie moderne ait commencé à mettre au jour ses formes politiques caractéristiques. Il n'y a pas beaucoup plus d'un siècle que l'Angleterre vit pour la première fois un légiste devenir premier ministre. Elle resta, pendant toutes les guerres du Premier Empire, un pays gouverné par de grands propriétaires féodaux, flanqués de « gentilshommes-aventuriers ». Le règne des hommes de loi ne s'ouvrit qu'après la fin du grand duo « victorien » de Disraëli et de Gladstone, les derniers des grands « gentilshommes-aventuriers » politiques. Et ce n'est que maintenant, parmi les cahots et les déboires de cette guerre, que l'Angleterre se frotte les yeux et voit son gouvernement tel qu'il est.

La vieille oligarchie instaura la tradition de la diplomatie anglaise. Nullement libérale à l'intérieur, elle l'était à l'extérieur ; la Grande-Bretagne était le champion du nationalisme, du constitutionnalisme et de l'équilibre des puissances contre la Sainte-Alliance. Dans la personne d'un homme comme Sir Edward Grey, l'ancien ordre de choses se mêle au nouveau. Mais la plupart de ses collègues appartiennent au nouveau. Ils auraient été d'impossibles phénomènes au temps de Lord Melbourne. Dans l'essence, le gouvernement anglais actuel est beaucoup plus proche parent du gouvernement français que de son prédécesseur d'il y a cent ans. C'est essentiellement un gouvernement de politiciens-légistes, sans étroits liens de famille, sans traditions ni préjugés politiques bien profonds. Et son correctif naturel et adéquat est la presse, sur laquelle il n'exerce plus l'ombre de l'influence politique et sociale qui lui servit jadis à tenir ce pouvoir en sujétion.

Il en est ainsi de toutes les institutions humaines ; l'apparence en demeure longtemps après qu'elles ont cessé d'être des réalités. L'histoire nous apprend que le Sénat romain croyait encore que Rome était une république, au IIIe siècle de l'ère chrétienne. Il n'y a donc rien d'étonnant à ce que le public croie que le roi, les lords et les communes, discutant par l'intermédiaire d'un ministère et d'une opposition, gouvernent encore l'empire britannique.

En fait, ce sont les politiciens-légistes — divisés en factions qui simulent le gouvernement et l'opposition d'autrefois — qui gouvernent, soumis à la pression et à l'antagonisme sans cesse croissant de la presse.

La presse s'est libérée, presque inconsciemment, depuis le début de la guerre, de ses dernières attaches avec les conflits moribonds des partis politiques, et elle a pris son rang de puissance distincte dans le royaume, revendiquant l'honneur d'être plus représentative de la nation que les propres mandataires de celle-ci, plus fidèle dans son expression de la pensée et de la volonté nationales.

Et cette revendication est valide dans une très large mesure.

Il est facile de dire que n'importe qui peut se rendre propriétaire d'un journal, et s'en servir pour fourrer ce qui lui plaît dans l'esprit du public.

En fait, l'achat d'un journal est une affaire beaucoup plus coûteuse et publique que l'achat d'un politicien. Et si, d'une part, le public n'est pas maître de ce qui s'imprime dans un journal, il est, d'autre part, le maître absolu de ce qui se lit. L'ascendant du politicien est contrôlé par des votes qu'on ne recueille qu'une fois dans l'espace de plusieurs années ; celui d'un journal, par des ventes qui varient d'un jour à l'autre de façon tout à fait significative. Un journal à faible tirage est un journal qui ne compte pas ; quelques semaines suffisent à prouver qu'il a entraîné son public à sa suite, ou qu'il a perdu son influence. Il est absurde de prétendre qu'un journal est moins responsable qu'un politicien.

Néanmoins, l'influence d'un grand journal est tellement supérieure à celle de n'importe quel politicien, et son action — en particulier pour le mal, par exemple, pour la propagation de la panique — tellement plus rapide, que la question est pendante de savoir si la presse est, à l'heure actuelle, suffisamment à la hauteur de ses responsabilités. Examinons les faiblesses qu'elle manifeste en ce moment ; demandons-nous quelles modifications de ses conditions de vie sont désirables dans l'intérêt général, et si elles ont des chances de se produire effectivement.

Nous avons déjà compté la presse comme un des principaux agents d'action dans la critique adéquate, l'assainissement et la mise au point du politicien-légiste anglais ; y a-t-il quelque autre pouvoir sur lequel nous puissions compter pour faire le salut de la presse ? Je propose de répondre que c'est la presse elle-même. Car, tandis que le corps judiciaire est homogène par nature, la presse est par nature hétérogène.

Les hommes de loi, de même que les loups, ne se mangent pas entre eux ; mais les journaux sont des requins et des cannibales ; ils sont en conflit perpétuel ; la presse est une profession aussi ouverte que le barreau est fermé ; elle n'a aucun préjugé anti-social de corporation ; elle lave son linge sale en public par choix et par nécessité, et dédaigne toute étiquette professionnelle.

Peu de gens savent quelles critiques du Lord Chief Justice peut nourrir le cerveau de Lord Halsbury ou celui de Sir Edward Carson ; mais nous savons tous, avec un degré de précision très considérable, le pire de ce que tel grand journaliste ou tel groupe de propriétaires de journaux pense de tel autre.

Nous avons donc d'excellentes raisons pour considérer la presse comme étant, par opposition au corps des légistes, un corps « auto-réformateur ».

Voici donc énumérées les considérations qui,

à mon avis, nous autorisent à prédire — dans
une Angleterre profondément transformée et
une Europe qui le sera pas mal — tout d'abord,
un corps judiciaire réorganisé, moralement ré-
nové, conscient de remplir une fonction publique ; ensuite une presse disposée à servir l'État
et responsable comme telle devant la loi et l'opinion publique. Je n'aboutis donc pas, avec le
professeur Michels, à la conclusion pessimiste
que la paix ouvrira, dans les contrées démocratiques, une nouvelle ère de futilité et de politique de partis exacerbée. Je crois que la leçon
formidable de cette guerre (leçon qui gagne
du poids, d'une semaine à l'autre, à mesure
que notre effort se prolonge), la façon dont elle
a démasqué le gâchis et la stérilité du système
1913-1914, fera crouler, en fin de compte, le con-
servatisme même de la profession la plus rigi-
dement organisée, la plus puissante et la plus
surannée de toutes.

Ce n'est pas seulement que je compte, pour
réformer notre système judiciaire et politique,
sur l'indignation et l'énergie des hommes intelligents qui sont en dehors de ce système ;
je compte aussi sur ceux qui en font partie à
l'heure actuelle. Car un homme peut vivre paisiblement aux crochets de sa mère, et pourtant
être incapable de parricide. Une si grande pro-

portion de nos forces vives et de nos capacités
nationales a été absorbée par la magistrature,
que notre nation étonnera peut-être le monde,
lorsque nos légistes porteront le costume moderne au lieu de la perruque et de la robe,
qu'ils auront étudié les sciences et les théories
sociales au lieu des déclamations de Cicéron et
de l'astucieuse loquacité de W. E. Gladstone,
et qu'ils auront les yeux tournés vers l'avenir
et vers les destinées de leur pays, au lieu de
les avoir fixés sur le passé et les annotations de
leurs dossiers.

Le légiste anglais détient vraiment l'avenir de l'empire anglais, je dirais presque
l'avenir du monde entier, pour autant qu'on
puisse dire qu'une catégorie unique d'individus le détient. Sous son crâne, l'imagination
le dispute au tenace démon des précédents
néfastes. L'enjeu n'est pas seulement son âme,
mais le bonheur du monde. Et la générosité le
dispute aussi à la tradition et à l'individualisme.
Rien n'approche de ses immenses possibilités
de trahison, si ce n'est celles des journalistes.

C'est de ces deux catégories d'hommes que
la conscience nationale, encore vague, attend
la seule direction qu'une démocratie puisse
suivre. C'est d'eux que tous les hommes doués
de capacités spéciales, les hommes de science,

les hommes d'expérience et de capacités administratives, tous ceux qui ont l'instinct et l'habitude de la création, tous ceux, en un mot, qui
veulent le progrès du monde — attendent la
suppression (ou au contraire l'ingénieuse création) des obstacles et des complications ; l'apai-
sement (ou, au contraire, la fomentation) des
soupçons, des incompréhensions et des hostilités
aveugles ; la bonne administration (ou la tyran-
nie d'une classe).

... Et voici que, tandis que je suis là, prophète amateur, évaluant ces impalpables facteurs de volonté, d'imagination, d'habitude et
d'intérêt, dans l'âme du légiste, du journaliste,
du créateur et de l'administrateur, et ne me
sentant pas plus sûr que cela du résultat,
l'idée se lève en moi, soudain, qu'un autre personnage est là, qui jamais auparavant ne prit
part au règlement de comptes des affaires
anglaises. C'est un personnage silencieux. Je
le vois parmi les politiciens ; je le vois aussi
parmi les légistes et parmi les ouvriers ; pendant vingt ans au moins on le verra à tous les
échelons de la société anglaise. Il est jeune et
porte un uniforme kaki, et il apporte avec lui,
dans la vie anglaise, un nouvel esprit, l'esprit
du soldat, l'esprit de la subordination à un but
collectif...

La France — qui a une expérience de la vie tellement plus plénière, plus profonde et plus cruelle que l'Angleterre — la France *sait* [1]...

1. Dans *An Englishman looks at the World*, publié dans les premiers mois de 1914 (Cassel et C⁰), le lecteur trouvera une exposition détaillée des avantages probables de la Représentation proportionnelle en ce qu'elle éliminera de la vie politique cet indésirable personnage : l'instrument d'un parti. La Représentation proportionnelle dissoudrait sans doute complètement l'organisation des partis, ce qui augmenterait considérablement l'importance et la responsabilité de la Presse, et accélérerait la formation de l'état de choses esquissé ci-dessus, dans lequel les rôles joués par le Gouvernement et l'opposition, au sein du système de partis, seraient assumés respectivement par des représentants élus et par la Presse.

VI

L'ÉDUCATION NOUVELLE

IL y a quelques mois, M. Harold Spender
appelait l'attention du public, dans le *Daily
News*, sur un fait tout à fait significatif.
L'enseignement supérieur en Angleterre, et
plus particulièrement le processus d'éducation
d'Oxford et de Cambridge, ininterrompu depuis
le moyen âge, est maintenant en état de sus-
pension à peu près totale. Oxford et Cambridge
se sont arrêtés, et cela si complètement que
M. Spender peut se demander s'il leur sera
jamais possible de se remettre en route et de
reprendre leurs travaux selon l'ancien programme.

Pour ma part, en tant que père de deux fils
qui sont, à l'heure actuelle, à mi-chemin de
leurs études, j'espère de tout mon cœur que
cela ne sera pas. J'espère que l'Oxford et le
Cambridge où régnaient les classiques non

philosophiques et le grec vulgarisé à l'usage des candidats aux examens préliminaires, les piètres mathématiques de « don [1] », le mauvais français, l'ignorance complète de toute l'Europe à part la Suisse, les exercices oratoires dans l'*Union Debating Society*, et l'enthousiasme surfait pour le Gothique ; l'Oxford et le Cambridge qui transformaient de jeunes garçons pleins de vie et de promesses et de possibilités infinies, en avocats, en politiciens, en diplomates monolingues, en évêques, en maîtres d'école, en directeurs d'entreprises commerciales et en déclassés, j'espère que cet Oxford et ce Cambridge-là sont d'ores et déjà défunts.

Tout récemment, comme je traversais Cambridge, la mémoire pleine des suggestions de M. Spender, je m'arrêtai pour savourer l'atmosphère de l'endroit. Il s'en fallait de beaucoup qu'il eût tout dit. Il insistait sur le fait qu'au lieu des quelque quatre mille étudiants du temps normal il n'y en a plus que quatre cents à peine. Mais avant même d'être au cœur de la ville, je me rendis compte que cela ne donne pas l'idée de ce qu'est en réalité le chômage de l'enseignement anglais. Des sept pre-

---

1. Terme d'argot scolaire désignant un professeur d'Université.

miers étudiants que je vis sur la route de Trumpington, l'un était noir, trois étaient de couleur, et, des trois autres, l'un n'était sûrement pas anglais, mais, à ce que je crois, hispano-américain. Et ce ne sont pas seulement les étudiants qui sont partis. Tous les maîtres ayant l'âge et les aptitudes militaires sont partis aussi ; ou, s'ils sont restés, ils ont du moins changé la toque et la robe contre l'uniforme kaki ; tous les professeurs vigoureux sont au service ; il ne reste plus de « dons » que les inaptes et le clergé. Des bâtiments, des bibliothèques, des laboratoires et des salles de conférences vides, des vestiges de l'activité passée, des réfugiés, des neutres, des uniformes kaki.... Tel est aujourd'hui l'aspect de Cambridge.

Il ne s'est jamais offert jusqu'ici — et peut-être ne s'offrira-t-il jamais plus — une aussi merveilleuse occasion pour entreprendre un nettoyage et un balayage généraux de ces deux endroits, et pour donner à l'enseignement anglais une impulsion nouvelle et féconde.

Le chômage d'Oxford et de Cambridge ne donne pas la pleine mesure du champ d'action qui s'offre à nous. Toutes les autres universités anglaises sont dans le même cas. Et les écoles qui les alimentent ont été à peu près complètement vidées de leurs « grands ». Les neuf dixièmes de ces écoliers-conscrits ne se soucieront plus désormais d'entrer dans les universités ; les neuf dixièmes de ces étudiants-conscrits ne se soucieront pas d'y retourner. Entre le nouvel enseignement et l'ancien, il y aura une solution de continuité de deux générations scolaires. Pendant les trente ou quarante années qui vont suivre, une classe d'hommes exceptionnelle jouera un rôle de premier plan dans les affaires anglaises : des hommes instruits davantage par l'expérience et moins par les cours et conférences que les générations précédentes ou que celles qui suivront. Les jeunes officiers de la grande guerre formeront une génération distincte, et feront époque. La conscience qu'ils auront acquise de certains besoins et de certaines lacunes jouera sûrement un grand rôle dans la reconstitution de l'enseignement anglais. *Ils ne seront pas marqués au coin du vieux système.*

C'est donc le moment de nous demander quelle éducation une université doit fournir pour produire les chefs politiques, les directeurs industriels et les guides intellectuels dont la formation est sa seule raison d'être. Il faudra que l'Angleterre se décide rapidement sur ce point. Ce n'est pas là un problème à remettre à plus tard. C'est maintenant qu'il s'agit de nous entendre sur ce qui sera nécessaire et indispensable à l'Angleterre de demain ; c'est maintenant qu'il faut nous mettre en devoir de reviser les conditions requises pour l'admission aux universités et la candidature aux diplômes, et de remanier tous ces systèmes d'examens en vue des fonctions publiques, qui dominent nécessairement l'enseignement des écoles et des universités ; et cela avant que les universités et les écoles se récupèrent. Si nous laissons le vieux fatras universitaire se remettre à fonctionner, il aura, de ce fait, un nouveau bail de vie. C'est maintenant ou jamais que l'heure est venue des reconstructions en matière d'éducation. Et, beaucoup plus que toute autre chose, ce sont les mesures prises pour la réorganisation des écoles, des conférences et des cours, qui décideront de l'avenir de l'Angleterre. La chose est aussi vraie pour toutes les contrées belligérantes. Bon nombre des événements de l'avenir ont une inéluctabilité quasi-mécanique ; mais ici, plus que partout ailleurs, il est loisible à quelques hommes résolus et capables de modeler l'esprit et de déterminer la qualité de l'Europe de demain.

Or, à coup sûr, les trois choses nécessaires dans l'éducation d'une classe dirigeante sont

les suivantes : d'abord, la sélection et le développement de l'énergie morale ; ensuite, la
sélection et le développement des capacités ;
enfin, la transmission du savoir selon un plan
large et compréhensif, avec la faculté de grouper et de mettre en œuvre rapidement telles
connaissances exactes qui peuvent être nécessaires en des occasions spéciales. C'est sur le
premier point que les écoles et les universités
anglaises ont le plus prêté le flanc à la critique.
La classe anglaise formée par l'éducation universitaire s'est révélée, au cours des sanglantes ordalies de cette guerre, tergiverseuse,
temporisatrice, individualiste, mesquine, et
incapable, soit de tirer d'elle-même, soit même
de suivre, un commandement énergique. A
tout prendre, il y a lieu de se féliciter que les
choses n'aient pas été pires qu'elles le sont ;
elles ont offert un merveilleux exemple des
qualités spontanées et innées des peuples de
langue anglaise, quand on pense à ce que fut
l'enseignement supérieur qu'ils ont subi.

Qu'on songe à ce qui a constitué ce processus d'éducation. Son pivot a été jusqu'ici l'enseignement du latin par des hommes qui le
lisent, l'écrivent et le parlent un peu moins
bien qu'un Babou des Indes ne parle l'anglais,
et du grec ancien par des professeurs qui

savent à moitié (tout au plus) cette belle langue disparue. Ils n'attendent nullement de leurs étudiants une maîtrise véritable de ces deux langues et, en conséquence, aucune maîtrise véritable n'est jamais atteinte. Les jeunes gens ne font qu'ânonner dessus pendant deux fois plus de temps qu'il ne leur en faudrait pour s'assimiler complètement les deux langues s'ils avaient des professeurs qui les « vivent » ; et ils acquièrent ainsi des habitudes — qui les suivent toute leur vie — d'oisiveté affairée et de pédantisme mesquin dans toutes leurs démarches intellectuelles. Il y a aussi des études mathématiques stériles, qui ne passent jamais des « exercices » à la pratique. Il y a de soi-disant études de philosophie, basées sur des textes grecs que peu de maîtres et moins d'élèves peuvent lire avec sûreté ; et il y a, enfin, une certaine dose d'histoire. Les cours d'histoire moderne à Oxford, par exemple, constituent la plus bizarre collection de tronçons de lectures. L'histoire anglaise depuis les origines, avec çà et là un coup d'œil sur les affaires continentales ; l'histoire européenne pendant à peu près un siècle ; des parcelles d'économie politique, et la _Politique_ d'Aristote. Ce n'est pas un enseignement, c'est un ramassis hétérogène. Ce genre de méli-mélo a jusqu'ici constitué l'essentiel de ce que l'Angleterre peut offrir de plus haut coté en fait d' « enseignement supérieur ».

Ainsi, pendant toutes les années de leur vie qui sont les plus sensibles aux influences extérieures et les plus réceptives, nos jeunes gens ont été éduqués, en l'art de s'arrêter à mi-chemin, dans un certain nombre de branches d'études sans cohésion, sous l'égide d'hommes qui, eux-mêmes, n'ont jamais rien fait à fond ; et il serait difficile d'imaginer un programme mieux calculé pour produire une incompétence versatile et diverse. Il se trouve qu'ils ont acquis aussi une certaine habitude de savoir-faire, grâce aux nécessités collectives de la vie scolaire, et un certain affinement des arts oratoires, grâce à leur *Debating Society*. A part ces dernières armes, il leur a fallu affronter le monde avec des esprits ni mieux trempés, ni mieux disciplinés, ni plus éclairés, que celui de n'importe quel homme sans instruction.

A coup sûr, la première condition à poser pour l'éducation nouvelle en Europe est que, tout ce qu'on entreprendra, on l'entreprenne avec un sérieux passionné et qu'on le fasse. Il est absurde de parler de la valeur de formation morale de telle ou telle étude qui n'est pas menée jusqu'au bout. Il faut de toute évidence que le grec soit abandonné comme partie du programme général d'études pour les adeptes de l'enseignement supérieur, pour la simple raison qu'à l'heure actuelle il n'y a pour ainsi dire pas de professeurs compétents, et parce qu'il y a, d'autre part, dans le fait de l'enseigner partiellement et prétentieusement, une hypocrisie qui démoralise l'étudiant et l'école à la fois. Les prétentions du clergé et autres personnages à « savoir » le grec, sont un des nombreux mensonges corrupteurs de la vie intellectuelle de l'Angleterre. Les auteurs comiques anglais ne se lassent point de se gausser de cet Hindou qui revendiquait le titre de « candidat refusé à la licence ès arts ». Mais qu'est-ce donc que l'humaniste agrégé d'une université anglaise, sinon un « candidat refusé » à l'hellénisme ? L'étude du latin, de même, doit être, ou bien réduite au rôle de complément à l'étude de la langue mère, ou bien relevée jusqu'à l'obtention de résultats honnêtes.

Le français et l'allemand pour ce qui est des Anglais, l'anglais pour ce qui est des Français et des Russes, sont essentiellement des langues de gouvernantes ; tout jeune garçon, toute filette appartenant à une famille suffisamment aisée, devrait pouvoir parler, écrire et lire l'une ou l'autre de ces langues avant l'âge de quinze ans. Leur acquisition doit se faire au jour le jour plutôt qu'être considérée comme une partie fondamentale de l'éducation. La littérature et le développement littéraire français, allemand ou anglais, jusques et y compris les œuvres contemporaines, sont évidemment quelque chose de tout autre. Mais, d'autre part, on ne saurait douter de la grande valeur éducative que peut avoir une langue complexe et riche en inflexions, *lorsqu'elle est enseignée par des gens dont elle est le moyen d'expression spontané.* Les besoins de l'éducation aussi bien que la nécessité publique désignent des langues comme le russe ou, dans le cas de la Grande-Bretagne, l'hindoustani, pour fournir cette solide discipline.

Si la Grande-Bretagne a vraiment l'intention de prendre les choses au sérieux après cette guerre, si elle veut faire son devoir vis-à-vis du monde oriental qu'elle a sous sa coupe, elle ne rechignera pas devant les frais insignifiants de faire venir en Angleterre quelques centaines de bons professeurs russes et hindous, et elle placera le russe et l'hindoustani sur un pied d'égalité, pour le moins, avec le grec, dans tous ses examens universitaires et ses concours. De plus, il est nécessaire d'assigner à l'enseignement des mathématiques dans les universités un but défini d'application pratique. Et comme condition première de formation morale dans toutes ces études, il faut que l'étudiant fasse effectivement ce qu'il déclare se mettre à faire. Aucun grade universitaire, aucune situation ne devront être accessibles aux demi-savants.

Comme il est juste, les langues vivantes et les mathématiques n'épuisent pas le moins du monde le programme d'éducation d'un homme des classes dirigeantes. Sans doute leur acquisition constitue-t-elle une excellente discipline, sans doute leur possession est-elle d'une grande valeur. Mais l'essence de l'éducation supérieure est — comme elle l'a toujours été — la philosophie ; non pas la prétention surannée de « lire » Platon et Aristote, mais l'examen pénétrant et subtil des grands problèmes de la vie, les plus propres à exercer et à tremper l'esprit. Là est, à coup sûr, la différence essentielle entre l'homme cultivé et l'homme du « vulgaire ». Le premier a pensé, a examiné avec lucidité et plénitude les rapports entre son esprit et l'ensemble de l'univers, entre sa personne et la vie humaine et sociale. Un esprit qui n'est pas rompu à la critique rapide et adéquate est essentiellement un esprit inculte, possédât-il autant de langues qu'un cicerone et autant d'habileté mathématique qu'un bookmaker.

Et quel est notre but fondamental dans toute cette réforme de notre enseignement supérieur ? Ce n'est ni l'érudition ni l'habileté technique. C'est d'obtenir que nos jeunes gens parlent moins et pensent davantage, et que leur pensée soit plus rapide, plus sûre et plus précise. Pour cela il nous faut moins de *Debating Societies* et davantage de philosophie, moins de lauriers pour l'habileté oratoire et davantage pour la force et la vigueur d'analyse. Le siège central de l'énergie morale, c'est l'intelligence. Un homme de peu d'énergie est un homme qui pense vaguement ; un homme aux décisions intellectuelles lucides agit avec précision et ne connaît pas les vacillations. Une nation d'hommes vraiment cultivés agit avec cohérence, sait frapper au bon moment, prévoit et prépare l'avenir. Une nation où l'enseignement est inorganique, est un irrémédiable chaos.

Vient enfin, comme troisième facteur dans l'éducation, le maniement pratique et la mise en œuvre des connaissances acquises ; et, de toutes les connaissances, les plus accessibles, celles dont le maniement pratique présente le

plus grand nombre d'avantages variés au point
de vue de l'éducation générale (car il englobe
la critique des témoignages des sens, le groupement des faits, l'élaboration et la vérification
des généralisations), se répartissent en deux
groupes : les sciences biologiques et les
sciences exactes. Sans doute un système d'é-
ducation bien compris permettra-t-il un grand
nombre de spécialisations diverses ; plus
encore : il assurera lui-même, et de très bonne
heure, la spécialisation de ceux qui auront des
dons particuliers ; il ménagera leur petit coin
au grec, à l'hébreu, au sanscrit, à la philologie,
à l'archéologie, à la théologie chrétienne, etc. ;
mais il reste que la masse des esprits équili-
brés, aux aptitudes générales et indétermi-
nées, qui sont le pivot intellectuel et moral
d'une nation, trouveront leur meilleure discipline dans les études scientifiques, les plus
commodes à entreprendre et les plus riches
en applications dans le cours ordinaire de la
vie. L'un et l'autre de ces deux groupes de
sciences peuvent conduire, soit à l'investigation scientifique, soit à telles applications
techniques qui sont la voie d'accès directe aux
fonctions publiques. Les sciences biologiques
s'élargissent jusqu'à la psychologie et à la
sociologie, et, par là, jusqu'à la théorie et à la

pratique de la loi, et jusqu'à la vie politique. Elles conduisent aussi aux fonctions administratives d'ordre médical et agricole. Les sciences exactes conduisent aux fonctions administratives d'ordre industriel et, d'une façon générale, à l'économie politique.

Telles sont les grandes lignes très nettes du programme d'éducation indispensable dans une nation moderne ; elles sont assez évidentes pour que tout homme qui n'est pas aveuglé par les préjugés et les intérêts égoïstes puisse les voir dès aujourd'hui. Nous avons devant nous à l'heure actuelle une occasion, que nous ne retrouverons jamais, de réorganiser notre enseignement. Maintenant que la tradition apostolique de la vieille pédagogie est interrompue et ses méthodes discréditées, il semble incroyable qu'on puisse jamais la réinstaurer dans ses anciens sièges et ses anciennes routines. En ces jours âpres et rudes, où s'ouvre aux initiatives un champ d'action illimité, celui qui, en particulier, s'offre à l' « éducation nouvelle », parce qu'il est le plus essentiel, est assurément aussi le plus vaste de tous.

VII

CE QUE LA GUERRE AURA
FAIT POUR LES FEMMES

EXAMINER l'effet de cette guerre sur les rapports entre hommes et femmes, c'est s'embarquer dans l'analyse d'un processus séculaire, auprès duquel les convulsions même et les dévastations immenses de cette catastrophe mondiale ne semblent que des cahots, des incidents, de passagères éruptions. Il y a certaines réalités qui subissent une évolution continue, qui s'étendent sur une échelle plus vaste que les événements dramatiques de l'Histoire ; les guerres, les migrations de peuples et de races, les variations économiques, toutes ces choses peuvent accélérer, stimuler, brouiller ou retarder, mais non point arrêter l'incessante élucidation, le développement et le perfectionnement des idées, concernant les relations essentielles à la vie humaine. Vient d'abord, parmi ces problèmes en voie d'évolution perpétuelle, la religion, le rapport de l'homme à Dieu ; vient ensuite, second en importance et plus pressant encore, le problème des rapports entre hommes et femmes. En ces matières chaque phase est une phase nouvelle ; quoi qu'il arrive, il n'y a pas de régression ni de recommencement possibles. La vie sociale, comme la vie religieuse, est appelée à se développer et à se transformer jusqu'au jour où l'aventure humaine aura pris fin.

Cette guerre n'implique donc, en cette matière comme en tant d'autres, nul retour en arrière sur un point essentiel, nulle abrogation, nulle restauration. Le plus qu'elle puisse faire, ce sera de réaliser des choses déjà imaginées, de mettre en liberté des choses latentes. Le XIXᵉ siècle fut une période de modifications sans précédent dans les relations sociales, mais pour grands qu'aient été ces changements, ils furent insignifiants auprès des changements subis par la pensée religieuse et la critique des idées morales. En l'an de grâce 1800, l'enfer était la pierre angulaire des spéculations religieuses, et le bourreau était le pilier de la loi ; en 1900 l'un et l'autre semblaient être à la veille de disparaître. Partout l'impulsion créatrice allait se substituant à la contrainte et à la crainte dans les mobiles d'actions humaines. Les dix premières années du XX⁰ siècle furent une période unique d'abondance matérielle, de vastes ressources accumulées, de loisirs et d'affranchissement. Ce fut aussi, à cause de cela même et à cause du changement subi par les concepts sociaux et religieux, une période de grande désorganisation sociale et d'impulsions confuses.

Nous autres Anglais pouvons déjà, dans la rétrospective, considérer les six premiers mois de l'année 1914 comme appartenant à un âge à jamais disparu. N'était que nous vivions alors et que nous pouvons nous souvenir, c'est un âge désormais presque aussi lointain, presque aussi « historique » que celui d'avant la Révolution française. Notre époque, nos méthodes et nos réactions sont déjà toutes différentes. La liberté de mouvement, les voyages, les allées et venues, les loisirs, l'abondance et le gaspillage qui différencièrent la vie du début du XX⁰ siècle de celle du début du XIX⁰ siècle, ont disparu en grande partie. La plupart des hommes sont soumis à la discipline militaire, et tous les ménages économisent. Le peuple anglais tout entier a été mis face à face avec certains aspects élémentaires du besoin, du danger et de la privation, dont il n'avait jamais pris conscience auparavant. Nous nous apercevons que nous vivions en Olympiens à l'égard des affaires de ce monde, que nous étions des irresponsables, des amateurs. Une bonne partie de cette adiposité de la vie, de cet emmitouflage et de ces fanfreluches de notre existence, a été radicalement dépouillée. Cela n'a pas modifié l'ossature de la vie ; cela n'a fait que la rendre plus apparente ; mais nous en avons été aussi surpris que le serait un homme qui, se regardant dans une glace, s'y verrait soudain comme un squelette ou comme un diagramme.

L'évolution qui se faisait avant cette guerre dans les rapports entre hommes et femmes se fait encore, avec plus de rapidité peut-être, et certainement avec plus de plénitude. La guerre précise, développe, définit les choses ; auparavant, nos controverses, nos attitudes et nos « mouvements » n'offraient d'autre spectacle que celui d'une tentative pour les préciser et les définir. Ce que paraissaient réaliser peu à peu nos efforts dispersés, dans une atmosphère de polémique et de confusion violentes, s'accomplit maintenant tout spontanément.

Avant la guerre, dans la nation anglaise comme dans la plupart des nations civilisées, de profonds changements étaient en train de s'effectuer dans les conditions du travail féminin, les relations légales entre mari et femme, la situation politique des femmes, la condition des enfants illégitimes, les mœurs et les coutumes relatives aux sexes. Toutes les nations civilisées voyaient décroître le chiffre de leurs naissances et celui de leurs décès ; elles allaient transformant la nature de l'habitat humain et diminuant le travail domestique par l'organisation de l'approvisionnement et le perfectionnement des appareils d'utilité ménagère. En d'autres termes, cette unité humaine primaire, le foyer, allait modifiant sa forme, ses dimensions, sa couleur, son aspect et son rythme de vie. Une proportion sans cesse croissante de gens vivait complètement en dehors de l'ancien foyer familial, du foyer basé sur la maternité et la progéniture.

Un certain nombre d'entre nous faisions de notre mieux pour acquérir une vue d'ensemble de tout ce flot de transformations. Nous avions une vague idée que les femmes s'« émancipaient », mais ce que ce mot voulait dire exactement et ce qu'il impliquait, c'étaient là des sujets que nos investigations n'avaient pas encore épuisés. Vint la guerre. Il sembla pendant un certain temps que toute cette controverse avait pris fin, que le problème lui-même n'existait plus.

Mais ce ne fut là qu'une passagère infidélité de notre attention. Brusquement, le processus de transformation assuma des formes nouvelles, qui ne s'adaptaient pas facilement aux formules admises, et sous ces formes nouvelles il continua son chemin. Si la controverse cessa pendant un certain temps, l'évolution elle-même ne cessa point. Les choses ont marché d'autant plus vite au cours des deux dernières années qu'elles l'ont fait en silence. La question des rapports entre hommes et femmes est beaucoup plus importante et permanente que celle des rapports entre les Allemands et le reste de l'humanité. Elle revient maintenant au premier plan de la pensée humaine, mais corrigée, modifiée. Le but que nous nous proposons est d'exposer, dans l'ensemble, la nature de cette modification. Il s'agit toujours d' « émancipation », mais d'une émancipation très différente, dans l'essence, de celle qu'on réclamait avec tant de véhémence et d'incohérence dans ce monde antique, celui de 1913 !

Jamais les relations entre hommes et femmes

n'avaient été aussi tendues qu'au début de l'année 1914. Le mouvement féministe obsédait et martelait tous les esprits. Le vacarme se déchaîna en Angleterre il y a environ dix ans. A la mort de la reine Victoria il ne se faisait pas encore entendre : que l'on consulte *Punch* et les journaux de cette paisible époque. En 1914, il mena si grand train que les Allemands purent compter sur les suffragettes comme sur une des forces principales qui devaient paralyser l'Angleterre dans la guerre.

Ce qu'il y a d'extraordinaire, c'est qu'à l'apogée même de sa violence le mouvement ne fut jamais nettement défini. Nous commençons à comprendre rétrospectivement qu'il était complexe, composé d'un faisceau de mouvements secondaires très divers. Il semblait se concentrer sur la question du Vote; mais on n'a même jamais pu découvrir pourquoi les femmes voulaient le vote. C'était, affirmaient les unes, parce qu'elles étaient semblables aux hommes ; et d'autres, parce qu'elles en étaient totalement différentes. Mais les faits saillants, sur lesquels on ne pouvait se méprendre, c'étaient un vaste malaise parmi les femmes, et un vaste déploiement d'énergie féminine. Quelle en avait été la cause ?

Il faut ici faire intervenir deux facteurs

appartenant à la statistique. L'un était la baisse continue du chiffre des mariages, et la proportion croissante des femmes célibataires de toutes classes, et plus spécialement des classes instruites, qui avaient besoin d'un emploi. L'autre était la baisse de la natalité, la diminution numérique de la famille normale, l'accroissement des unions stériles, et, par suite, la mise en liberté d'une proportion considérable de l'énergie des femmes mariées. Les perfectionnements économiques qui amélioraient les instruments de la vie domestique coopéraient avec ces facteurs d'affranchissement, en substituant la machine à coudre à l'aiguille, le gaz au feu de charbon, l'éclairage électrique à la lampe, le nettoyage par le vide à la pelle et au balai, et en allégeant le travail domestique au profit de la boutique et de l'usine pour ce qui est de la fabrication du pain, d'une bonne partie de la cuisine, de la confection des vêtements, du blanchissage, etc. ; toutes choses qui avaient jusque-là retenu tant de femmes au foyer, trop affairées pour penser. Le soin même des enfants, s'il y en avait, était aussi moins absorbant ; la crèche et l'école s'offraient à suppléer les mères, voire à remplir mieux qu'elles ce devoir même.

Et, en même temps que s'opéraient ces

affranchissements, la moyenne de l'éducation s'élevait, stimulant ainsi l'intelligence et l'imagination des femmes jusqu'au point où l'aiguille (en admettant qu'elles eussent à s'en servir) a cessé d'être un dictame. En outre, le monde s'enrichissait, et cela de telle sorte que, non seulement les loisirs et les appétits augmentaient, mais aussi — les méthodes de production se faisant de plus en plus scientifiques — que le besoin de main-d'œuvre se réduisait en bien des cas jusqu'à ne plus guère faire appel qu'aux travailleurs les plus experts et les plus intelligents. Si bien que, tout à la fois, le monde (le vieux monde disparu d'avant 1914) mettait en liberté ces immenses réserves d'énergie féminine sans discipline et sans but, et diminuait l'utilité sociale de la main-d'œuvre inexperte dans toutes les branches de la vie. Tels étaient les courants sous-jacents d'où jaillit l'agitation féministe des dix années d'avant la guerre.

Or, le conflit entre les sexes est quelque chose d'éternel. Il commença du temps où nous vivions encore dans les arbres. Il comporte ses accusations et ses réparties stéréotypées. Christabel Pankhurst n'aurait pas appris grand'chose aux pèlerins de Cantorbéry. L'homme et la femme, dans ce duo, luttent perpétuellement à qui l'emportera ; et l'homme opprime la femme, et la femme en veut à l'homme. A toutes les époques, il s'est trouvé une voix pour proclamer, comme le fit Platon, que la femme est un être humain, et la réponse ne s'est jamais fait attendre : « Oui, mais un être humain tout différent ». Or, dans les rapports humains, chaque fois qu'il y a dissemblance entre les antagonistes, il leur est difficile d'être parfaitement loyaux ; l'universel conflit des races en témoigne ; et la plus grande dissemblance humaine est celle qui sépare les sexes.

Mais la marche de l'humanité, qui l'amène sans cesse à plus d'intelligence et de raison, l'a éloignée en même temps des superstitions dont elle entourait les questions sexuelles, et lui a fait prendre conscience du fait qu' « une femme, malgré tout, c'est un homme », qu'elle a vraiment droit, tout aussi bien qu'un homme, à une âme indépendante et à l'expression personnelle de ses vues dans les affaires collectives. A mesure que, dans l'évolution humaine, l'intelligence prenait le pas sur la force brutale et le privilège tout physique de ne pas enfanter ; à mesure que l'homme sentait davantage le besoin d'une compagne plutôt que d'une esclave ; à mesure que l'abondance croissante des vivres et la protection des femmes contre le mariage prématuré tendaient à faire de celles-ci les égales des hommes, en taille, en force et en esprit d'initiative, l'effort séculaire par lequel la femme cherche à s'affranchir de sa servitude vis-à-vis du seigneur et maître de l'ancienne tribu progressait sans cesse. Dans l'essence, ce processus séculaire a été un processus d'égalisation. Ce n'est que l'intensification de ses causes profondes pendant la période d'abondance et d'expansion sociale et intellectuelle des cinquante dernières années, qui l'a aiguillonné jusqu'à l'état de crise.

Il y a toujours eu deux aspects extrêmes de la question sexuelle. Il y a toujours eu deux types de femmes : celles qui, conscientes à l'excès de leur sexe, demandaient à être traitées en femmes avant tout ; et celles qui trouvaient irritant et fastidieux d'être traitées ainsi. Il y a toujours eu celles qui voulaient revêtir, comme Jeanne d'Arc, des habits d'homme, et les autres, les prêtresses du mysticisme érotique. Il y a toujours eu celles qui voulaient partager le travail des hommes, et celles qui voulaient en être les « inspiratrices », les compagnes et les maîtresses. Comme il est juste, la majorité des femmes sont entre ces deux extrêmes. Mais il est possible néanmoins d'examiner cette question comme s'il s'agissait d'un conflit entre deux conceptions rigoureusement opposées. Il est plus simple pour l'écrivain de s'en tenir à ces deux types de femme, le tableau offrant ainsi des contours précis. La femme, en général, oscille entre les deux ; tantôt elle a recours à l'idéal occidental qui fait d'elle une personne sociale, tantôt à l'idéal oriental qui fait d'elle une chose. Ces deux conceptions ne sont pas seulement en lutte dans la société humaine, mais dans la carrière de toute femme.

Chitra, par exemple, dans la pièce de Rabindra Nath Tagore, goûta de ces deux aspects de la vie féminine, et Tagore est d'accord avec Platon pour préférer à la houri le type viril d'une Rosalinde. Et j'ose croire que tout ce qu'il y a de clair bon sens dans l'humanité est avec lui. La véritable « émancipation » vers laquelle tendent la raison et le cours même des choses est celle qui substituera l'initiative féminine à la soumission, et à la reine de cour d'amour la porteuse de lance, vigoureuse et endurcie, échangeant avec son compagnon un amour identique, et aussi oublieuse de son sexe, aux heures de labeur, que peut l'être un homme.

Ce ne furent pas seulement les énergies qui

tendaient vers ce dernier type qui furent mises en liberté pendant la seconde moitié du XIXe siècle, mais tous les genres d'énergie féminine. Ce n'étaient pas seulement les femmes capables de se suffire, désireuses d'indépendance, qui étaient mécontentes, mais aussi les belles dames qui s'étaient fait une spécialité des coquetteries, des minauderies et des mystères féminins, et qui trouvaient qu'on ne leur accordait pas assez d'importance. Les unes se trouvaient insuffisamment respectées, les autres insuffisamment adorées. Toutes deux mêlèrent leurs voix de la façon la plus déroutante dans la littérature du mouvement suffragiste d'avant-guerre. Et d'ailleurs les deux tendances se mêlaient dans l'esprit des femmes que ce mouvement incitait à penser. Le Vote devint le symbole de choses absolument contradictoires ; il n'y a guère d'arguments en sa faveur dans la littérature suffragiste, que cette même littérature ne pourrait servir à réfuter complètement.

Que l'on compare, par exemple, les ouvrages de Miss Cicely Hamilton, la distinguée actrice, avec les publications de la famille Pankhurst. Les premiers formulent cette affirmation que les préjugés seuls empêchent la femme d'être un citoyen aussi capable que l'homme, dont

elle ne diffère que par le sexe ; les autres constituent un extravagant dithyrambe sur les supé-
riorités occultes de la femme, et les merveilleux
avantages qui seront conférés à l'humanité le
jour où elle remettra la direction des choses
à ces puissances sacrées. Les premiers voudraient voir la plupart des affaires humaines
débarrassées des préoccupations sexuelles ; les
autres voudraient voir « le Sexe » — comme
disaient nos grand'pères vers 1830 — gouverner le monde.

Ou encore, que l'on compare les ténébreuses
coquetteries du livre de Miss Elisabeth Robins, *Woman's Secret*, avec le bon sens viril
de ce jeune et brillant écrivain, Miss Rebecca
West, dans l'âpre assaut qu'elle livre contre
les entraves imposées aux femmes, aux premiers chapitres de *The World's Worst Fai-
lure*. Le premier ouvrage est une débauche de
mysticisme sexuel : « L'homme ne peut jamais comprendre la femme. — Les femmes
ont toujours de profonds et merveilleux secrets
impénétrables aux hommes. — L'homme ne
soupçonne même pas... Un jour peut-être... ! »
C'est quelqu'un qui sort de derrière un rideau
pour inviter les hommes, d'un ton provocant,
à venir jeter le filet dans un harem soigneusement enténébré. Dans l'autre ouvrage, on

croirait entendre un vaillant soldat qui maudit
son stupide équipement. C'est une vigoureuse
sortie contre cette soi-disant nécessité d'élégance et de spécialisation sexuelle qui paralyse
tant de femmes dans la mise en œuvre de leur
activité, qui réduit à l'insipidité une si grande
proportion de la littérature et de l'art féminins,
et soustrait les femmes au corps à corps avec
le danger et aux affreuses morts héroïques.
C'est l'antipode du livre de Miss Robins. Et
pourtant je ne crois pas me tromper en disant
que ces quatre femmes-auteurs se sont cou-
doyées sur les estrades des réunions suffragistes, qu'elles ont reçu des coups et des
horions pour la même cause pendant les
émeutes et les conflits de toutes sortes qui
eurent lieu à Londres au cours de la grande
agitation. Ce fut seulement lorsque l'activité
de la famille Pankhurst, secondée par le sai-
sissant ouvrage de Miss Robins, *Where are
you going to?*... prit une forme qui mena-
çait d'imposer les pires entraves à la liberté
de mouvement des femmes et d'établir une
sorte d'universel ostracisme d'hostilité et de
méfiance contre ces êtres dégradés, ces ra-
visseurs et ces corrupteurs de femmes, les
Hommes — ce fut seulement alors que le
mouvement féministe anglais fit preuve d'une

tendance à se dissocier en ses courants opposés et divergents.

C'est un détail infime, mais significatif en l'occurrence, que les comités organisateurs des grandes manifestations suffragistes de Londres furent déchirés par des querelles intestines au sujet du costume des manifestantes. On allégua qu'un « accoutrement de style masculin » discréditerait le mouvement, et on engagea les femmes à mettre un maximum de féminité dans leur toilette. Bon nombre d'entre elles s'offrirent, pour prendre part à ces démonstrations, des élégances qui dépassaient leurs moyens et s'engagèrent dans la voie de l'affranchissement à menus pas aussi féminins que possible....

On exagérerait facilement le rôle de la sensibilité proprement féminine, du goût de parure, du mysticisme érotique et de la vanité des femmes dans le mouvement suffragiste. Ces choses-là sautaient aux yeux de tous ; elles n'étaient que l'écume à la surface du tourbillon. Ce qui sautait moins aux yeux, c'était le prodigieux développement de l'instinct de solidarité des femmes entre elles. Tout le monde savait qu'un certain nombre de femmes avaient cogné sur les policemen à Westminster. Ce qu'on savait moins, ce qui n'était pas, à beaucoup près, un fait aussi notoire, c'était que les femmes de la noblesse, les ouvrières, les servantes, les femmes de commerçants, les praticiennes de professions libérales, s'étaient unies et avaient travaillé de concert pour une cause commune, avec une compétence et un mépris des frontières sociales sans exemples auparavant. On ne remarquait que les à-côtés ridicules du mouvement. On ne percevait pas aussi aisément l'effort par lequel les femmes s'adaptaient peu à peu aux nouvelles exigences des conditions du travail. Le fait qu'un petit nombre de femmes s'acharnaient, selon toutes les apparences, à rendre le vote impossible par leur campagne de violence et d'ingéniosité malfaisante, masquait complètement le fait qu'un très grand nombre de jeunes filles ne se croyaient plus tenues, par bienséance, de rester à se morfondre au foyer, occupées à tenter les épouseurs par quelques ruses cousues de fil blanc, mais, tout au contraire, se mettaient en devoir, avec grand sérieux et grande intelligence, de trouver pour leur propre compte la formule qui permet au jeune homme de se faire une place au soleil. Parmi la poussière et le vacarme s'édifiaient certaines réalités, dont le vacarme et la poussière n'étaient nullement l'expression. Nous savions qu'une poignée de femmes braillaient pour avoir le vote; nous n'avions pas compris que toute une génération de femmes travaillaient à s'en rendre dignes.

Vint la guerre, vint le cataclysme qui rétablit brusquement les vrais rapports des choses....

La conséquence immédiate fut que les suffragistes militantes rentrèrent un moment dans l'ombre, d'où se hâtèrent d'ailleurs de sortir, en rangs de bataille, les plus bruyantes d'entre elles, pour soulever la question, bien faite pour leur plaire, des « bébés de guerre ». Des Hommes — ces êtres effrayants ! — étaient en train de prendre leurs quartiers aux quatre coins du pays. Il s'ensuivait, d'après tous les principes sociaux connus de Mme et de Mlle Pankhurst, qu'il fallait se préparer à secourir un nombre considérable de « bébés de guerre ». Des souscriptions furent lancées.... Or, les statisticiens, quelque peu embarrassés, cherchent encore ces « bébés de guerre »; le taux des naissances illégitimes a baissé, et j'ignore ce qu'on a fait des souscriptions. Le journal *La Suffragette* changea son nom pour celui de *Britannia*, abandonna la question des « bébés de guerre » et, après s'être tenu tranquille un certain temps, éclata en accusations de

trahison ou d'espionnage contre tel ou tel politicien. Finalement, il crut avoir flairé la
bonne piste dans le cas de Sir Edward Grey,
et n'arriva qu'à se faire interdire ; et aux dernières nouvelles, cette coterie féministe perni-
cieuse et nullement représentative manifestait
son existence par la publication périodique
d'une méchante petite feuille d'invectives
contre les principaux membres du ministère
des Affaires étrangères, analogue pour le fond
et la forme, à la lettre diffamatoire, à la fois
suggestive et vague dans ses insinuations, que
pourrait écrire une cuisinière congédiée. Et
avec cette dernière décharge il semble que la
section agressive du mouvement féministe ait
brûlé toute sa poudre, laissant l'émancipation
féminine, dans ce qu'elle a de large et de profond, continuer sa route en un bienfaisant silence.

Il est indiscutable que la conduite de la
grande majorité des femmes en Angleterre a
dépassé non seulement toutes les prévisions
mais toutes les espérances. Et il est tout aussi
certain que la question suffragiste, en dépit
des violences où s'affichait un groupe extravagant, contribue vraiment, et pour une large
part, à susciter cette confiance, ce bon vouloir
dont toutes les classes de femmes ont si abon-

damment fait preuve lorsqu'il s'est agi d'assumer des responsabilités et d'affronter des souffrances. Non seulement il y a eu plus de
femmes qu'il n'en fallait pour le travail des
hôpitaux et pour les offices charitables de
toutes sortes (ce genre de chose n'est pas
nouveau et fait partie du rôle traditionnel de
la femme); mais encore, dans tous les métiers
possibles — qu'il s'agisse de tenir la plume
dans un bureau, de faire marcher un commerce,
de travailler aux chemins de fer, de conduire
une automobile, de s'occuper d'agriculture ou
de faire la police — elles ont fait preuve d'une
compétence et d'une intelligence sans précédents. Et dans la fabrication des munitions,
dans le maniement de machines pesantes et
souvent compliquées, dans leur faculté d'adaptation et d'invention, dans leur ferveur de travail et leur endurance, elles sont arrivées à un
degré d'excellence étonnant. Plus particulièrement en ce qui concerne le travail mécanique
délicat, elles ont atteint un résultat remarquable et imprévu. Il n'est guère de tâche que
les femmes n'aient su remplir, et au delà,
lorsqu'on leur en a fourni l'occasion. Elles ont
complètement bouleversé l'idée qu'on se faisait de leur importance économique, et il est à
peine exagéré de dire que, lorsque en fin de

compte la puissance militaire des Alliés triomphera de la puissance allemande, ce sera cette supériorité de nos femmes, grâce à laquelle, aujourd'hui, nous pouvons opposer telle femme travaillant à... (la censure ne me permettra pas de donner des précisions géographiques) à tel homme travaillant à Essen, ce sera cette supériorité de nos femmes qui aura fait pencher la balance dans cette guerre.

Ces femmes-là ont conquis le vote. Les pires extravagances des suffragettes militantes après la guerre ne sauraient les empêcher de l'obtenir. Les jeunes filles qui ont si bravement affronté la mort et les blessures dans nos usines de « cordite » — la liste est assez longue des tuées et des blessées — ont à jamais anéanti ce piètre argument contre le vote des femmes : leur incapacité militaire. En fait, elles ont anéanti tous les arguments en faveur de leur asservissement. Et pendant ce temps, ce modèle des vertus féminines du vieux temps, ce prodige de soumission domestique, la *hausfrau* allemande, la fidèle Gretchen, se fait émeutière pour réclamer du beurre.

Et pourtant, comme je l'ai déjà dit, les Allemands comptaient sur les suffragettes comme sur une des grandes forces qui devaient paralyser l'Angleterre dans cette guerre.

Les femmes anglaises n'ont pas seulement
prodigué ces trésors d'intelligence et d'ingéniosité ; ce n'est là qu'un des aspects de leur
effort. Elles ont consenti à n'être plus « à la
mode »…. La majorité des femmes, en Angleterre, use actuellement les robes de 1914.
En 1913, toutes les jeunes filles et les femmes
qu'on voyait dans les rues de Londres donnaient
l'impression qu'elles s'efforçaient de suivre la
mode. Elles sont maintenant, pour la plupart,
aussi insoucieuses de leur toilette que pourraient l'être un homme d'affaires très occupé
ou un jeune étudiant intelligent. Elles n'en ont
pas moins de grâce, et elles en ont beaucoup
plus de beauté. Mais pendant ce temps la mode
s'est égarée jusqu'à l'absurde. De temps en
temps, dans l'atmosphère affairée et austère
qui est celle de Londres depuis la guerre,
déambule une dernière prêtresse de l' « éternel
féminin », telle une visiteuse étrangère vouée
à quelque culte singulier. Elle a des bottes à
talons très hauts ; elle fait des effets de jambes ;
sa petite jupe courte pendille d'une façon toute
spéciale, due sans doute à quelque mystère de
coupe ; elle porte un cocasse petit chapeau sur
l'œil ; elle a quelque chose de Colombine,
quelque chose d'une bergère de Watteau,
quelque chose d'une vivandière, quelque chose

de tous les âges et rien du temps présent. Sa figure, docile aux étranges préceptes de la mode, est lisse comme un dos de cuiller, avec des traits en coups de canif et de petites mèches en cédilles devant les oreilles, comme celles que portaient les garçons bouchers du siècle dernier. Mais pourtant, elle n'ose pas prendre toute la responsabilité de son déguisement. Elle traîne à sa suite un uniforme kaki pour se justifier. Comprenez bien qu'elle s'est ainsi fagotée pour le conduire au train ou lui donner du bon temps pendant sa permission. Mais parfois la dame est très mûre ; parfois elle n'a pu mettre la main sur un uniforme kaki ; et dès lors le prétexte altruiste s'évanouit. Quoi qu'il en soit, ce type de femme a la vie dure.

Elle ne va pas son chemin sans encombres, cette dernière prêtresse du vrai charme féminin ; les gens du vulgaire, le gamin des rues, ont lancé une de ces « scies » bizarres qui ont l'air d'être des fragments de quelque chanson perdue et oubliée :

> *C'est la fille à Machin, l' fournisseur de l'armée,*
> *Qui s' dépêche de l' dépenser...*

ou simplement :

> *El' s' dépêche de l' dépenser.*

Elle ne va pas son chemin sans encombres, mais elle va son chemin tout de même. Perchée sur ses bottes, elle passe à travers la lice où la nouvelle école des femmes de l'Europe occidentale est en train de prouver sa valeur. Mais ce passage est un départ. Selon toute vraisemblance, il y aura quelque chose comme une trêve de quelques années dans les caprices du costume, à travers toute l'Europe. Ce n'est qu'en Amérique qu'on entretiendra peut-être les feux sacrés de l'élégance et de la mode....

Et ainsi nous en arrivons à prophétiser.

Je ne crois pas que cette invasion, par les femmes, de mille emplois qui leur étaient jusqu'ici fermés, soit un arrangement temporaire qui doive être annulé après la guerre. La chose était déjà en train de s'accomplir avant la guerre, très lentement, il est vrai, et non sans avoir à lutter contre les préjugés et l'opposition, mais elle s'accomplissait néanmoins ; elle est dans l'ordre même des choses. Sans doute ces femmes obtiennent-elles ces emplois à titre de remplaçantes, mais non pas, en général, à titre de pis-aller. Sur bon nombre de points elles font tout aussi bien que les hommes ; et en bien des cas elles ne travaillent pas à prix réduit, mais touchent des salaires d'hommes. Pourquoi supposer, dès lors,

qu'elles retourneront, après la guerre, à des
activités improductives? La guerre n'a fait
que réaliser, avec une rapidité d'avalanche, un
état de choses pour lequel le monde était prêt.
Il faudra que le monde de l'après-guerre
s'adapte à cette extension du travail des femmes
et à cet accroissement du nombre des femmes
dignes et indépendantes.

Un facteur important dans l'établissement
de cette classe considérablement accrue des
femmes indépendantes sera la grande pénurie
d'hommes mariables dans les dix années qui
vont suivre — résultat des hécatombes et des
mutilations de la guerre. Non seulement les
femmes de cette période pourront se passer du
mariage au point de vue économique, mais
encore celles qui voudront se marier le feront
beaucoup plus difficilement. Ce sera probablement aussi une période dans laquelle l'augmentation des prix précédera, comme il arrive
généralement, l'augmentation compensatrice
des salaires. Il se peut qu'il devienne beaucoup plus difficile pendant quelques années,
de nourrir une famille. Et ce sera là un troisième facteur dans la fixation sociale de cette
classe de femmes célibataires.

Divers écrivains, méditant sur cette disette
d'hommes, ont adopté de prime saut la conclu-

sion que la polygamie est parmi les probabilités de l'avenir immédiat. Ils en écrivent en
termes alarmés (sincères ou non) que rien ne
justifie. Ils se plongent avec délices dans la
vision d'une Allemagne qui aurait « légalisé »
la polygamie, et voient déjà Berlin cherchant
à se récupérer de ses pertes humaines en devenant une autre *Salt Lake City*. Mais je ne
crois pas que l'Allemagne, devant l'encercle-
ment économique que les Alliés ne manque-
ront pas de former autour d'elle, désire voir
augmenter considérablement sa population
pendant les quelques années qui vont suivre ;
je ne vois pas non plus comment le monde
européen appauvri et endetté pourrait faire
vivre une classe suffisamment riche, pour
entretenir toute une kyrielle d'épouses : je ne
vois pas enfin où l'on pourrait recruter une catégorie de femmes qui préféreraient devenir
parties constituantes d'une constellation poly-
gamique plutôt que d'être des femmes indépendantes.

Les femmes intelligentes ont pour la polygamie la même aversion instinctive que les
hommes pour la polyandrie. La polygamie,
qu'elle s'étale ou qu'elle se cache, ne fleurit
copieusement que lorsqu'il y a des femmes
pour se laisser acheter. De plus, des obstacles

considérables, venant de la religion et des
mœurs, se dresseraient devant l'apôtre de la
polygamie, même en Allemagne. Il faudrait
se garder d'amener une rupture dans les
bonnes relations actuelles de l'Allemagne et
du Vatican.... L'infériorité de la tradition féminine allemande par rapport à celle de presque
tous les autres pays européens, sa tendance
plus prononcée à admettre la servitude des
femmes, tout cela constitue sans doute un
contre-poids à nos affirmations sur ce point ;
mais je ne crois pas que ce contre-poids soit
suffisant pour l'emporter dans la balance.

Loin qu'un grand nombre d'hommes deviennent polygames, je crois qu'on serait
assez justifié à supposer qu'une proportion
croissante d'entre eux cesseront même d'être
monogames. Les émotions romantiques de la
guerre ont amené une hausse temporaire du
chiffre des mariages en Angleterre ; mais,
avant la guerre, ce chiffre avait été en décrois-
sant, à mesure que s'élevait l'âge moyen du
mariage ; et il est fort possible que ce double
mouvement reprenne bientôt, et même —
lorsqu'une nouvelle génération aura grandi et
rétablira l'équilibre numérique des sexes —
qu'il s'accélère.

Nous concluons donc que cet accroissement

de la classe des femmes célibataires et socia-
lement indépendantes est quelque chose de
durable. Il sera probablement renforcé d'un
grand nombre de veuves de guerre qui ne se
remarieront pas. Il faut nous demander dans
quelles directions cette masse de *femmes
libres*, capables, intelligentes, énergiques et
non-domestiquées, s'orienteront vraisemblablement, quelle sera leur influence sur les mœurs,
et, en particulier, leur retentissement sur la vie
des femmes mariées de leur entourage. Car,
ainsi que nous l'avons déjà fait remarquer
dans ce chapitre, la mise en liberté des énergies féminines, qui est à la base du problème
féministe, présente un double aspect : elle a
pour causes, non seulement la plus grande fré-
quence du célibat parmi les femmes — par
suite de la disproportion numérique des sexes
et de l'élévation de l'âge du mariage — mais
aussi le moindre asservissement des femmes
aux soucis domestiques. Au point de vue social,
qui est le nôtre ici, le mariage n'est plus
comme jadis une « fin » pour la femme ; il ne
l'absorbe plus aussi complètement ; il lui
laisse de copieux loisirs, toujours croissants,
qui restent un des facteurs de notre problème.

Cette classe de *femmes libres*, qui se constitue peu à peu, aura, j'ose le croire, sur l'at-

mosphère sociale générale, une influence
apaisante et libératrice par certains côtés et
grandement tonique par d'autres. Ce nouveau
type de femme ne laissera pas de vouloir aller
et venir à son gré, sans escorte, être libre de
voyager seule, de louer une chambre à l'hôtel,
de s'asseoir à une table de restaurant, et ainsi
de suite. Or, comme les femmes l'ont démontré au cours des dix dernières années, il y a
deux façons tout à fait opposées de « sortir
seule ». Rien ne révéla plus clairement la
double nature du mouvement suffragiste que
la diversité de la tenue des femmes qu'on
voyait dans les rues de Londres à ce moment-
là. Certaines, correctement et simplement
vêtues, allaient à leurs affaires, avec des
visages sérieux et préoccupés ; elles n'avaient
d'autre but que de se mêler, aussi discrète-
ment que possible, au flot des travailleurs, et
d'être autant que possible, dans tous les incidents coutumiers de la rue, « des hommes
parmi les hommes ». De fait, un homme pouvait adresser la parole à ces femmes sans
arrière-pensée, comme à des égales ; il pouvait,
par exemple, leur demander son chemin, sûr
de recevoir une réponse et de n'être pas
accusé d'importuner ou d'accoster indûment
une « faible femme ».

A l'autre pôle, il y avait le type de jeune
personne qui s'en venait dans les rues avec
des airs d'objets précieux en rupture de
vitrine. Son costume symbolisait le charme
féminin, elle portait sa féminité comme une
bannière et comme un défi. Elle était pleinement préparée, par la littérature de la
famille Pankhurst, à ce qu'on lui manque de
respect. Elle passait en coup de vent parmi
les hommes ahuris, leur prêtant gratuitement
des intentions douteuses. C'était un pur produit de harem, et l'intelligence masculine,
fort perplexe, ne savait jamais au juste si son
but était d'afficher une cause ou de chercher
une aventure. Les motifs qui la poussaient à
barrer ainsi la voie de l'émancipation féminine étaient probablement plus complexes et
plus confus que ne le laisse supposer l'alter-
native ci-dessus, et une forte dose de vanité
pure et simple entrait dans le mélange. Mais,
sans aucun doute, cette expression extrême du
type qui nous occupe est en voie de disparition. La *femme libre* de demain sera une
créature sérieuse et capable, sobrement vêtue,
et qui imposera aux hommes de son entourage
sa propre dignité et la neutralité de sa tenue.
Et cette tradition de simplicité et de discré-
tion dans la tenue, et de sobriété dans le cos-

tume, qu'est en train d'instaurer la *femme libre*, sera également pour les femmes mariées la voie d'affranchissement des libertés nouvelles.

Je ne crois pas qu'il puisse exister simultanément, parmi des femmes de même origine sociale et de même éducation, des écoles complètement différentes de costume, de tenue et de conduite, basées sur des conceptions de la vie complètement divergentes. Je ne crois pas qu'on puisse habituer les hommes à adapter tour à tour leur attitude à différents genres de femmes — qu'ils rencontreront souvent simultanément — et à traiter celle-ci avec franchise et camaraderie, celle-là avec un respect craintif et passionné et une galanterie romantique et désuète. Toutes sortes de types intermédiaires — la plupart des femmes seront des types intermédiaires — viendront compliquer le problème. Ce conflit entre l'idéal de la femme-citoyen et l'idéal de la femme-objet-d'art, qui se manifestait très nettement dans le mouvement suffragiste anglais avant la guerre, reprendra certainement après, et je n'ai guère de doutes sur son issue. L'être humain l'emportera sur l'être exclusivement féminin. La lutte sera vaste, et longue, et multiple, mais au cours des années sérieuses qui nous attendent, j'ai la conviction que la femme sérieuse prendra le dessus. La robe simple et de bonne coupe détrônera les fanfreluches et le décolletage.

Ainsi, de toutes les façons, la guerre est en train d'accélérer l'évolution par laquelle les femmes se libèrent de la spécialisation de leur sexe. Elle facilite leur émancipation économique. Elle favorise le développement d'un type féminin qui détruira inévitablement et l'atmosphère de galanterie qui constitue un si grand obstacle aux rapports amicaux entre gens de sexes différents, et cette atmosphère de méfiance hostile qui en est la contre-partie dans les esprits de suffragettes au féminisme exaspéré. Elle met un frein aux caprices de la mode et simplifie les manières.

Et elle travaille dans le même sens d'une autre façon encore. Cette baisse de natalité, qui a été un trait si marquant de l'évolution sociale de tous les États modernes, est devenue beaucoup plus sensible depuis que la guerre a commencé de faire sentir ses effets sur le confort domestique. Il se fait en ce moment en Allemagne, pour enrayer cette baisse, toute une propagande contre les « berceaux vides ». On presse instamment les mères allemandes de ne pas laisser le Kronprinz de 1930 ou 1940 démuni du matériel humain nécessaire à sa gloire, lors de quelque nouvelle bataille de Verdun. J'ai des doutes sur l'enthousiasme avec lequel elles répondront à cet appel. Mais partout l'état de guerre implique des difficultés économiques, qui, nécessairement, se prolongeront longtemps après la fin de la guerre ; et dans l'état actuel des connaissances humaines, la solution de ces difficultés est la diminution du nombre des enfants. La famille, déjà restreinte, se restreindra davantage. Ce qui implique que le mariage — sans qu'il cesse pour cela, en aucune façon, d'être sacré au point de vue émotionnel — deviendra un fardeau moins lourd.

Il fut un temps où le mariage constituait toute la carrière de la femme. Les soins domestiques, une douzaine d'enfants, suffisaient à l'user. Toutes ses rêveries romanesques se terminaient au mariage. Et le roman de tout jeune homme *bien* s'y terminait aussi. Elle pouponnait, il besognait, et quand les deux époux avaient élevé quelques-uns de leurs enfants, enterré les autres et béni leurs premiers petits-enfants, la vie était terminée.

A l'heure actuelle le mariage n'est plus qu'un incident dans la carrière d'une femme, comme dans celle d'un homme. Le foyer qu'ils créent n'est plus aussi indispensable ; la femme mariée reste en partie une *femme libre* et se considère comme telle. Il se manifeste une tendance croissante à grouper les enfants uniques et à en confier le soin à des gens spécialement qualifiés ; et il est à prévoir que cette tendance augmentera, vu que, d'une part, la grande puissance de gain des femmes les incitera à laisser leurs enfants à la garde des autres, et que, d'autre part, la disette d'hommes et la pléthore de veuves fourniront un nouveau contingent de femmes prêtes à se charger de ce soin. Les plus écervelées considéreront cet affranchissement comme un encouragement à la légèreté de conduite ; mais le bon sens des nouveaux types de femmes sera d'accord avec les hommes pour dénoncer l'intolérable plaie qu'est cette éternisation du coquetage et du flirt chez des personnes qui ont eu ce qui devrait être leur part suffisante d'amour.

Et il n'y aura ni grande richesse, ni grande abondance, pour rendre le libertinage possible et désirable. La femme toute de faiblesse et de séduction s'entendra dire sans ambages, par hommes et femmes réunis, qu'on l'a assez vue. Le frou-frou des jupons, les petits mys-

tères exquis de la toilette, cesseront d'émou-
voir quiconque, à part les très jeunes gens. Le
mariage, libéré des liens de la nécessité
matérielle, ne sera plus justifié que par une
communauté de pensée et d'effort sans cesse
plus étroite. Un mariage qui ne s'épanouira
pas en une solide amitié d'intelligence et de
caractère entre deux égaux, sera considéré de
plus en plus nettement comme un mariage
manqué.

Nous ne présentons pas toutes ces choses
comme désirables ou indésirables. Nous ne
faisons qu'essayer de supputer les tendances
et l'orientation du temps présent, telles que la
guerre les a soulignées. Et cette tentative
aboutit à la conclusion que le mariage, selon
toute vraisemblance, sera de moins en moins
considéré comme un état social, de plus en
plus comme un commerce personnel ; que son
importance publique ira en diminuant et son
importance privée en croissant. Les gens qui
se marieront resteront vraisemblablement plus
détachés et plus facilement séparables. Le
lien essentiel entre époux sera l'amour et l'affection, et non plus le foyer.

Tout cela entraîne logiquement certaines
conséquences.

La première est que les conditions d'existence de la fille-mère se rapprocheront beaucoup plus qu'elles ne l'ont fait jusqu'ici de celles de bien des femmes mariées ; l'inflexible ligne de démarcation qui les séparait s'effacera.

Et ceci marchera de pair avec la tendance, depuis longtemps manifeste dans la société moderne, à adoucir les injustices de la loi (pour ce qui est des droits de succession par exemple) et les sévérités de l'opinion vis-à-vis des enfants illégitimes.

Et, d'autre part un mariage dans lequel on en sera venu à considérer la compatibilité de tempéraments comme la chose essentielle, sera infiniment plus accessible au divorce que l'ancienne union, basée sur la cuisine et la « nursery », et sur l'impossibilité où l'on se trouvait d'assurer aux enfants les soins, l'éducation et la sécurité nécessaires, en dehors du foyer familial. Le mariage ne deviendra pas seulement un fardeau plus léger, mais un lien plus facilement dissoluble.

Pour résumer tout ce qui précède, disons que cette guerre accélère bien plutôt qu'elle ne dévie le cours naturel des tendances de notre temps, et nous porte très rapidement vers un état de choses dans lequel les femmes seront bien plus nettement affranchies de la

situation sociale imposée par leur sexe, bien
moins entravées dans le développement de
leur personnalité, bien plus près d'être les
égales des hommes, qu'on ne le vit jamais
auparavant dans toute l'histoire de l'humanité....

VIII

LA NOUVELLE CARTE D'EUROPE

§ I

DANS ce chapitre, je me propose de tenter ce qui peut sembler être, à l'heure actuelle, alors que la grande guerre dure encore et que l'issue en est encore incertaine, la plus folle des équipées prophétiques. A savoir, une spéculation sur le remaniement de la carte d'Europe après la guerre. Mais, parce que le détail des événements et les circonstances précises de la fin de la guerre sont incertains, il ne s'ensuit pas qu'ils doivent modifier l'inéluctable conclusion dans ses grandes lignes. J'ai déjà discuté cette conclusion et fait ressortir que la guerre est devenue essentiellement une guerre d'épuisement mutuel. Cela ne veut pas dire, comme peuvent le conclure certains lecteurs hâtifs, que je pré-

dise une « partie nulle ». Peut-être serons-
nous tous pâles et chancelants, mais l'Allemagne est, je le crois, condamnée à toucher
le sol la première. C'est elle qui fera le premier pas vers la paix ; c'est elle qui, en fin de
compte, se reconnaîtra vaincue.

Mais je veux insister sur le fait qu'à ce
moment-là tous les belligérants, et non pas
seulement l'Allemagne, auront atteint le degré
d'épuisement voulu pour être très raisonnables.
Aucune puissance ne sortira de là, comme
l'Allemagne en 1871, fraîche et dispose, et
avec des airs de dictature. Autrement dit,
toutes les nations s'achemineront, non pas
vers des apothéoses, mais vers le règlement
de comptes qui semblent garantir le maximum
d'équilibre pour l'avenir.

Si, vers la fin de la guerre, les États-Unis,
réflexion faite, se décidaient à abandonner
leur attitude actuelle de commentateurs détachés et à jeter leur poids dans la balance en
faveur d'un arrangement tel qu'il rende impossible la recrudescence du militarisme, il
se pourrait que l'épuisement général conférât
à l'Amérique une importance relative très
supérieure à l'influence qu'elle pourrait exercer
à l'heure actuelle. Il se peut qu'à la fin des
hostilités l'Amérique ait le pouvoir néces-

saire pour exiger des conditions d'importance presque vitale dans le traité de paix ; quand à savoir si elle aura la volonté nécessaire, c'est, bien entendu, une tout autre affaire.

Avant que je me mette à spéculer sur le règlement de comptes lui-même, il y a une ou deux généralisations qu'il peut être intéressant de remettre sur le tapis. La loi n'est qu'un mince vernis dont nous recouvrons les fermes contours de la réalité, et les traités et les ententes entre empereurs, rois et hommes d'État, ne participent guère de la permanence de certaines réalités humaines plus fondamentales. Je regardais l'autre jour *L'Héritage du Calife*, de Sir Mark Sykes, qui contient une série de cartes coloriées des divisions politiques de l'Asie du Sud-Ouest pendant les trente derniers siècles. Les formes et les couleurs varient ; tantôt c'est la Perse, tantôt la Macédoine, tantôt l'Empire d'Orient, tantôt l'Arabe, tantôt le Turc, qui domine. Les couleurs changent comme si elles étaient dans un kaléidoscope ; elles avancent, reculent, se divisent, disparaissent. Mais, tout ce temps, existent opiniâtrément une Arménie, une Perse essentielle, une Arabie ; elles aussi avancent ou reculent un peu ; je ne prétends pas qu'elles soient choses éternelles, mais elles sont beau-

coup plus permanentes que tous les gouvernements et que tous les empires ; elles sont
enracinées au sol par une population paysanne,
par une certaine attitude physique et psycho-
logique. A côté des cartes politiques de l'humanité, *il y a les cartes naturelles de
l'humanité.* Je trouve la même chose en
Europe ; les monarques battent l'eau et en
brisent le miroir en mille étranges dessins,
mais elle n'en tend pas moins, toujours, à
revenir à ses formes éternelles ; une force
d'attraction la ramène toujours à reconstituer
une Espagne, une Gaule, une Italie, une
Serbo-Croatie, une Bulgarie, une Allemagne,
une Pologne. Je prendrais volontiers comme
type de ce que j'entends par la carte naturelle
du monde, une Arménie, une Pologne ou une
Égypte — détruites, assujetties et pourtant
invincibles.

Je tiens à répéter encore que je n'affirme
pas qu'il y ait une carte éternelle. Elle change,
certes. Il y a eu des époques — celles, par
exemple, des émigrations européennes en
Amérique et en Sibérie, de la poussée Arabe
à travers le Nord de l'Afrique, de l'invasion
de l'Angleterre par les peuples de la Basse-
Allemagne — il y a eu des époques où elle a
changé considérablement dans l'espace d'un

siècle ; mais le moins qu'elle mette à changer se chiffre encore par générations. C'est ce dont ne se rendirent jamais compte les honorables messieurs qui, avant le XIXe siècle, se réunissaient en conférences ou en diètes pour diviser et rediviser le monde. Ce n'est qu'au cours des cent dernières années que l'humanité a commencé à prendre conscience du fait qu'une des premières lois de la stabilité politique consiste à tracer les frontières politiques conformément à la carte naturelle de l'humanité.

Le XIXe siècle formula cette conception en parlant du « principe des nationalités ». D'intéressants spécimens survivants du XIXe siècle, tels que M. C.-R. Buxton, proposent encore de résoudre les affaires humaines d'après ce « principe ». Mais, malheureusement pour eux, le monde n'est pas divisé si simplement que cela. Il y a de vastes régions à la surface du globe où la population n'est pas homogène, où, d'un village à l'autre, on trouve des gens de langues différentes, de religions différentes et incompatibles — sorte d'émulsion humaine, où toute fusion et toute unité vraies sont impossibles. Voyez par exemple l'Afrique Centrale, le Tyrone en Irlande, l'Albanie, Bombay, Constantinople ou la Transylvanie. Voilà des régions et des villes qui n'ont pas plus de nationalité propre qu'une mosaïque bariolée n'a de couleurs....

Notez que, pour ce qui est des régions homogènes du monde, je suis prêt à soutenir la thèse qu'elles ne seront tranquilles, qu'elles ne pourront mettre librement en œuvre leurs possibilités, qu'elles ne seront inoffensives pour leurs voisins, que lorsqu'elles seront gouvernées par des gens de l'endroit, des gens appartenant à la race, à la religion, à la tradition locales, et selon un système de gouvernement qui — différent en cela d'une monarchie ou d'une ploutocratie — ne soit pas la cristallisation d'une ambition commerciale ou nationale. Jusque-là je suis de l'avis de ceux qui voudraient faire appel au « principe des nationalités ».

Mais, je voudrais, de plus, poser en principe que la stabilité de l'arrangement se trouverait considérablement accrue si ces « nations » étaient groupées en « États-Unis » partout où il y aurait des possibilités de rivalité entre États et de friction commerciale. Cependant, là où l'on a affaire à une région de nationalité composite, le besoin se fait sentir d'un système d'ajustement plus nuancé. Ce genre de système a déjà été mis en œuvre dans le cas de la Suisse ; nous avons là une communauté formée non de nations, mais de cantons, dont chacun possède sa propre religion, sa culture et son gouvernement autonome, et qui se rencontrent tous paisiblement dans le sein d'un gouvernement commun, impartial et polyglotte. Il est clair comme le jour, pour quiconque n'est pas aveuglé par des intérêts patriotiques ou personnels, qu'un pays comme l'Albanie, monolingue il est vrai, mais divisé sans retour au point de vue religieux, ne sera jamais tranquille, jamais satisfait, tant qu'il ne sera pas sous le régime de cantons, et que la seule solution de la difficulté irlandaise dans la région limitrophe entre l'Ulster et l'Irlande catholique, réside dans un arrangement identique.

Et, en troisième lieu, il y a les régions et les villes qui n'ont aucune nationalité — telles que Constantinople ou Bombay, qui n'appartiennent évidemment pas à une seule mais à maintes nations ; la première, à toutes les nations de la mer Noire, la seconde, à l'Inde tout entière. Si l'on néglige les ambitions et les traditions, il est de toute évidence que des centres internationaux de ce genre devraient être sous le contrôle collectif de tous les peuples affectés et former entre eux une base d'union.

Eh bien, ce que nous suggérons ici, c'est qu'il est possible, en suivant cette triple direction, de réaliser une carte du monde qui assure le maximum de satisfaction et de stabilité ; et que tous les autres arrangements -- empires et ligues et le reste — graviteront irrésistiblement vers cette carte naturelle et rationnelle de l'humanité. Ceci n'implique pas que cette carte s'imposera en fin de compte, mais qu'elle aura toujours tendance à s'imposer. Elle obsédera la politique officielle.

Je n'ai pas la moindre certitude sur la question de savoir quelles formes particulières de confusion et d'agression les cartes de l'an 2 200 pourront bien enregistrer. Je ne sais pas de façon certaine si l'humanité sera mieux ou plus mal en point, plus ou moins civilisée à cette époque. Mais je sais, d'une très ferme certitude, qu'en l'an de grâce 2200 il y aura encore une France, une Irlande, une Allemagne, une région Jougo-Slave, une Constantinople, un Radjpoutana et un Bengale. Je ne veux pas dire que ce soient là des divisions absolument fixes ; il se peut qu'elles se soient, à cette époque, rétrécies ou étendues. Mais ce sont là les choses les plus permanentes, le champ d'action, la pierre angulaire, la base tangible ; ce sont des forces fondamentales, au-dessus desquelles évoluent les ambitions, les trahisons, les mensonges, les traditions, les tyrannies de la politique internationale. Toutes les frontières tendront toujours à dessiner ces formes fondamentales, de même que toutes les façons de se vêtir tendent à dessiner la forme d'un corps. Cachez la taille, les épaules en ressortiront davantage. Masquez, emmitouflez le corps, il reste vivant à l'intérieur ; il reste la force déterminante suprême.

Et maintenant, ces préliminaires posés, nous pouvons reprendre le problème de ce que sera la paix de 1917 (ou 1918, ou quelque autre date que ce doive être), en ayant conscience de ce qu'il a de précaire et de superficiel.

§ II

Nous avons déjà risqué la prophétie qu'après une longue guerre d'épuisement général, l'Allemagne sera la première à accepter l'idée de la défaite. Cela ne veut pas dire qu'elle se rendra sans conditions, mais qu'elle sera réduite à marchander pour voir ce qu'elle devra céder et ce qu'elle pourra garder. Mon impression est que la Bulgarie la lâchera, et que la Turquie sera hors de combat avant la fin. Mais ce sont là matières hasardeuses. En face de l'Allemagne se dresseront certainement les trois grandes Alliées : la France, la Russie, l'Angleterre, et il est presque certain que le Japon sera avec elles. Tous les quatre en seront probablement arrivés à une entente très plénière et très détaillée. L'Italie prendra place à la table de délibérations. La Hongrie sera présente, assise, pour ainsi dire, au milieu des ruines caduques de l'Autriche. La Roumanie sera également présente. Les neutres d'Europe seront présents tout au moins en esprit ; leurs désirs se feront sentir avec acuité ; mais on peut se demander si les États-Unis auront, sur les décisions définitives, toute l'influence qu'ils auraient pu avoir. La pesée que l'Amérique voudra bien exercer — plût au ciel qu'elle voulût en exercer davantage ! — sera probablement en faveur de l'organisation rationnelle et naturelle du monde.

Or, le facteur le plus important de ce règlement de comptes sera l'état d'esprit et la nature de l'Allemagne à laquelle les Alliés auront affaire.

Ne nous laissons pas aveugler par les passions de la guerre jusqu'à confondre un peuple avec son gouvernement et avec une kultur artificielle vieille seulement d'un siècle. Il est une Allemagne grande et civilisée, masquée par l'Impérialisme, aveuglée par l'orgueil des victoires faciles d'il y a un demi-siècle, perdue dans son rêve mensonger. Jusqu'à quel point sera-t-elle corrigée et détrompée par l'issue de cette guerre ?

Les conditions de paix dépendent, dans une très forte mesure, de la réponse qu'on peut faire à cette question. Si nous envisageons l'éventualité la plus extrême et supposons une révolution en Allemagne, ou du moins dans l'Allemagne du Sud, et la substitution d'une République aux Hohenzollern dans tout ou partie de l'Allemagne, alors je suis convaincu que l'Allemagne républicaine obtiendrait le pardon.

Si nous supposons une révolution moins radicale, mais plus plausible sous la forme d'une enquête concernant l'état mental du Kaiser et de son fils aîné, il y a là encore de quoi modifier les intentions des Alliés jurés. Mais quelle que soit l'issue de la guerre, quel que soit le règlement de comptes, il ne saurait détruire l'antipathie des peuples civilisés pour l'impérialisme brutal, prétentieux, sentimental et pleutre, qui a jusqu'ici dominé l'Allemagne. Toute l'Europe non allemande déteste et redoute maintenant les Hohenzollern. Nul traité de paix ne peut mettre fin à cette haine, et tant que l'Allemagne jugera bon de s'identifier avec les rêves d'empire de ses Hohenzollern et leur guerre de massacre et d'assassinat, nous resterons en guerre — en guerre ouverte ou à peine voilée — contre l'Allemagne. Dans cet état de choses, et tant qu'il y aura dans chaque citoyen allemand un serviteur latent de ce système, le plus élémentaire bon sens commandera aux Alliés d'organiser des tarifs douaniers, des mesures d'exception, des lois spéciales, contre la marine marchande allemande, les actionnaires et les émigrants allemands.

Quoi que l'Allemagne puisse penser des Hohenzollern, le monde entier en dehors de l'Allemagne les regarde comme l'incarnation du nationalisme homicide. Il faudra que les conditions de paix européenne, si nous devons les régler avec les Hohenzollern et non avec le peuple allemand, comprennent le désarmement virtuel de ces voleurs-assassins pour prévenir tout renouvellement de leur attaque. Ce serait la folie la plus patente que de tirer l'échelle avant d'en être arrivés là.

C'est folie que d'espérer une paix durable avec les Hohenzollern ; mais, que nous fassions avec l'Allemagne une paix durable ou seulement une trêve des opérations militaires, qui ne sera pas une trêve de la lutte économique contre les ressources des Hohenzollern, la même

idée essentielle guidera, je le crois, toutes les
puissances désireuses de paix. Elles essaieront
de tracer des frontières aussi proches que possible de celles de la carte naturelle de l'humanité.

Ceci posé, en tant qu'Anglais, ma première
pensée en ce qui concerne la carte de l'Europe
va naturellement à la Belgique. Seule, une défaite absolue, écrasante, pourrait forcer l'Angleterre ou la France à consentir à une paix,
quelle qu'elle fût, qui n'entraînerait pas la restitution plénière de la Belgique. Plutôt que de
donner ce consentement, toutes deux continue-
ront la lutte jusqu'à des paroxysmes encore
insoupçonnés. Il faut que la Belgique soit rendue
à elle-même, que sa neutralité fasse place à une
alliance défensive avec ses deux alliées de
l'Ouest, et, si le monde doit encore compter
avec les Hohenzollern, alors il faut que sa
frontière soit portée en avant dans le pays ad-
jacent de façon à réduire au minimum les risques d'une attaque brusquée.

Il est manifeste que toute frontière qui donne
sur les Hohenzollern devra désormais être munie
de lignes successives de tranchées et occupée
en permanence par une garnison prête à répondre à toute trahison ; et la nécessité devient
primordiale que la ligne franco-belge soit aussi

courte et aussi fortifiée que possible. En face
d'un empire Hohenzollern, il faut, de toute évidence, que la ville d'Aix-la-Chapelle, dont l'Allemagne a fait un simple tremplin pour ses attaques, soit aux mains de la Belgique. La frontière
stratégique et douanière partirait alors d'Aix-
la-Chapelle vers le Sud, incorporant à l'Alliance permanente le grand-duché de Luxembourg, avec ses traditions et ses sympathies
françaises. Il est tout à fait impossible de laisser
ce territoire dans la situation fausse d'avant
la guerre, avec ses chemins de fer aux mains
des Allemands, et son service postal et télégra-
phique sous le contrôle des Hohenzollern,
comme il l'était depuis 1913. Et il est tout à
fait impossible de donner des maîtres Hohenzollern à cette population fortement anti-prus-
sienne.

Mais un Anglais ne peut traiter de cette
question de la frontière occidentale qu'avec
quelque défiance de soi. Il est clair que toutes
les frontières de 1914, d'Aix-la-Chapelle à Bâle,
sont les enjeux d'une vieille querelle.... Il n'y
a pas de *statu quo ante* possible en ce qui
les concerne. Et ce n'est pas l'affaire de quiconque
en Angleterre de les retracer. Cette tâche, pour
ce qui est des Alliés, est affaire entre la France
et la Belgique. Le rôle de la Grande-Bretagne

en cette matière est clair comme le jour : c'est de lutter jusqu'à son dernier homme et son dernier gramme d'or, pour l'obtention des nouvelles frontières que ses alliés considéreront comme essentielles à leur confort et à leur sécurité. Mais je ne vois pas comment la France pourrait se contenter de moins qu'une solide frontière franco-belge partant d'Aix, et incorporant au moins Metz et Sarrebourg. C'est elle qui connaît le mieux la psychologie des provinces perdues, et qui sait le mieux quelle dose d'annexion sera pour elle une force ou une faiblesse. Si elle redemande aux Hohenzollern toute l'Alsace-Lorraine, l'opinion anglaise est résolue à la soutenir et à continuer cette lutte jusqu'à ce qu'elle l'obtienne. Supputer la direction de la nouvelle frontière, ce n'est pas exprimer une opinion anglaise mais spéculer sur l'opinion de la France. Après ce qui est arrivé au Luxembourg et à la Belgique, personne ne rêve plus d'un état-tampon neutralisé.

Il se peut que cette guerre d'épuisement se prolonge encore pendant une année environ, mais elle se terminera par l'enfoncement des fronts allemands trop étendus. Plus l'affaire sera longue et sanglante, plus farouche sera la détermination des Alliés d'exiger des compen-

sations. Si les Allemands proposent la paix
pendant qu'ils tiennent encore une partie de
la Belgique, il y aura de longs pourparlers.
S'ils attendent que les Français soient dans le
Palatinat, je doute que les Français consentent à s'en retourner. Il n'y aura plus
d'avantage possible pour l'Allemagne dans une
guerre de résistance, une fois que son étoile
aura commencé à pâlir....

C'est quand nous nous tournons vers l'est de
l'Allemagne que le remaniement éventuel de
la carte s'anime vraiment. La carte naturelle
offre à nos yeux une succession de groupes
humains, obstinément non-allemands, s'étendant presque de la Baltique à l'Adriatique. Il
y a la Pologne, la Bohême (avec les Slovaques
qui lui sont apparentés), les Magyars et les
Jougo-Serbes. En seconde ligne, viennent les
Grands et les Petits-Russiens, les Roumains et
les Bulgares. Et là, la Grande-Bretagne et la
France doivent s'effacer devant les vœux de
leurs deux alliées, la Russie et l'Italie. Ni
l'une ni l'autre de ces contrées n'a exprimé
d'intentions inflexibles, et la situation n'a rien
du caractère inéluctable du côté occidental. Il
n'y a pas eu de promesses faites, si ce n'est la
promesse d'autonomie faite par le Tsar à la
Pologne. Du côté Ouest, il n'y a qu'une chose

possible : la frontière Aix-Bâle. Du côté Est, rien n'est fixé d'avance.

Voyons d'abord ce qui concerne la Pologne.... La voie d'accès vers le rétablissement de l'unité polonaise me paraît être particulièrement malaisée. C'est le crime du partage originel qui fait toute la difficulté. Quel que soit celui des adversaires qui sorte de la guerre avec les apparences de la victoire, il devra nécessairement céder du terrain si une Pologne autonome doit revoir le jour. Une Allemagne victorieuse reconstituerait probablement le duché de Varsovie sous un prince allemand ; une Russie complètement victorieuse réunirait probablement Posen à la Pologne russe et au fragment polonais de la Galicie, et créerait un royaume de Pologne sujet du Tsar. Ni l'un ni l'autre de ces projets ne serait accueilli par les Polonais avec une joie sans mélange, mais l'un et l'autre paraîtraient sans doute acceptables à une certaine portion d'entre eux. En faisant abstraction des sentiments demi-conscients de la classe paysanne, on peut dire que la Pologne autrichienne serait probablement la plus disposée à garder des rapports avec ses anciens maîtres. Ce sont les Habsbourg qui se sont le moins aliéné leurs sujets polonais. C'est la seule partie de la Pologne qui se soit réconciliée avec la domination étrangère ; c'est le fragment le plus autonome et le plus satisfait de son sort.

On peut se demander jusqu'à quel point l'unanimité nationale reste possible entre les trois fragments polonais. Comme la plupart des écrivains anglais, je reçois une quantité considérable de livres et de brochures venant de différents organes du patriotisme polonais, et j'y trouve de fortes divergences d'esprit et d'intentions. La perspective d'une Pologne faible, divisée, et isolée politiquement, n'est guère prometteuse de bonheur pour les Polonais, ni de sécurité pour la paix du monde. Une Pologne complètement indépendante sera un théâtre fiévreux d'intrigues internationales ; intrigues auxquelles l'invincible tendance du tempérament polonais ne se prêtera que trop volontiers ; il se peut qu'elle soit de nouveau un champ de bataille dans l'espace de vingt-cinq ans. Je crois que si j'étais un patriote polonais, je me résoudrais à être Slave à tout prix, à m'accommoder de la Russie le mieux possible, à m'allier avec tout ce qu'elle compte de tendances libérales et à vivre ou mourir avec elle. Et je ferais tout mon possible, dans un domaine où l'on a trop peu fait jusqu'à présent, pour établir une compréhension mutuelle et poser les premières pierres d'une alliance future avec le groupe Tchéco-Slovaque qui se trouve au Sud. Mais je ne suis pas un Polonais ; je suis un Européen de l'Ouest, animé d'une vive sympathie pour les Russes ; je suis démocratique et scientifique, et les Polonais que j'ai rencontrés sont catholiques, aristocratiques, romantiques, et d'autres choses encore, d'autres choses épineuses qui rendront forcément lente et précaire la coopération des Russes, des paysans Ruthènes, des Tchèques, et même des autres Polonais avec eux-mêmes. Je me demande si l'Allemagne et la Russie — cette dernière surtout, qui a toute la Sibérie pour y élever des Russes — désirent s'incorporer davantage de Polonais ; et je suis porté à croire qu'il est probable que la fin de cette guerre trouvera la Pologne encore divisée. C'est là, à mon avis, une probabilité fâcheuse, mais, tant que l'esprit polonais n'aura pas mitigé son désir d'indépendance absolue d'une résolution de s'orienter définitivement vers un groupe politique plus considérable, c'est une probabilité avec laquelle il faut compter.

Mais en réalité l'avenir de la Pologne n'est pas séparable de celui de la monarchie Austro-Hongroise, et celui-ci, à son tour, ne peut être étudié en dehors de l'avenir des pays balkaniques. Depuis Dantzig jusqu'à la péninsule de Morée, s'échelonnent au travers de l'Europe une série de nations distinctes, dont chacune est trop intensément nationale et caractérisée pour être absorbée et assimilée par l'une ou l'autre de ses grandes voisines, Allemagne ou Russie, et dont chacune pourtant est relativement trop petite pour assurer seule sa sécurité. Aucune d'entre elles n'a secoué le joug des traditions monarchiques ; chacune peut devenir une proie facile pour les folles ambitions dynastiques et le délire d'agression de la diplomatie. Cette ceinture orientale de l'Europe centrale est peut-être vouée à des siècles de remaniements sanglants.

L'idéaliste libéral pense tout de suite à la possibilité d'un système suisse ou d'un groupement de systèmes suisses. On songe à un groupement de groupes de républiques, composant des États-Unis de l'Europe orientale. Mais, le bras de la France démocratique ne peut s'étendre assez loin pour soutenir une initiative de ce genre ; et quant à l'Angleterre, elle ne sait jamais au juste si elle est une « république couronnée » ou une monarchie autoritaire. Jusqu'ici, dans les Balkans, elle a surtout prêté son concours à l'instauration de ces petits roitelets allemands félons qui l'ont si mal récompensée. Seuls les monarques nationaux de Serbie et de Monténégro ont été fidèles à la civilisation. Je ne crois pas pourtant que l'Angleterre continue cette politique dynastique. Elle-même est à la veille de profondes transformations mentales et d'une réorganisation intérieure. Mais chaque fois qu'on envisage comme conséquence de cette guerre la possibilité d'un mouvement républicain en Europe, c'est pour se rendre compte de la désastreuse indifférence de l'Amérique aux aspects fondamentaux de la situation européenne. Les États-Unis d'Amérique pourraient exercer une énorme influence à la fin de la guerre en faveur d'un règlement de comptes libéral et d'institutions libérales.... Ils ne feront, j'en ai peur, rien de tel.

C'est ici que la possibilité d'un changement intérieur en Allemagne prend une importance suprême. L'impérialisme des Hohenzollern plane au-dessus du monde entier comme la noire menace d'un nouveau césarisme. Il se peut qu'il continue de planer pendant plusieurs siècles ; il se peut qu'il disparaisse demain. Une révolution allemande peut le détruire ; un petit groupe de docteurs aliénistes peut le plier en quatre et le mettre au rancart. En tout cas, s'il disparaissait, il entraînerait avec lui presque toutes les couronnes qui fleurissent entre Hambourg et Constantinople. Les monarques allemands s'évanouiraient comme un ruban de fumée. Qu'une révolution éclate en Allemagne ; que la Russie, mue par un instinct analogue, fasse un pas en avant vers des institutions libérales, et tout le théâtre de l'Europe centrale se rasséLinerait d'un seul coup, comme un malade que la fièvre quitte. Notre période de coups de coudes et de bousculade internationale, d'intrigues et de diplomatie, de guerre, de massacres, de déportations en masse et de frontières irrationnelles toujours instables, se terminerait du coup.

Un changement aussi radical est à la limite du possible. La solution probable est quelque chose de moins lucide et de plus prosaïque ; une conférence de diplomates, des arrangements plâtrés tant bien que mal. Mais même dans ces circonstances, l'ensemble de la situation dans l'Europe orientale est si fluide, si peu conditionnée par une nécessité patente, que la carrière sera largement ouverte à l'influence individuelle de tel ou tel homme d'État doué d'imagination et de force de volonté.

Il y a eu récemment des révélations, plus ou moins dignes de foi, de projets allemands pour le remaniement de l'Europe orientale. Ils présupposaient une victoire allemande. La Bohême, la Pologne, la Galicie, la Ruthénie, devaient composer un État gouverné par les Habsbourg et s'étendant de la Baltique à la Mer Noire. On devait unir le Jougo-Slave et le Magyar — compagnons de lit très peu sociables — en un second royaume, également gouverné par les Habsbourg. L'Autriche devait être incorporée à l'Empire allemand comme troisième duché ou royaume Habsbourg. La Roumanie, la Bulgarie et la Grèce devaient rester des puissances indépendantes sous des chefs allemands. Récemment, les propositions allemandes publiées en Amérique ont révélé une disposition à tenir compte des revendications de la Roumanie sur les districts valachiens de Transylvanie.

Évidemment, de part et d'autre on a nettement conscience de la nécessité urgente de créer des royaumes ou des confédérations plus grands qu'aucun des États distincts que fournit la carte naturelle. Si l'Allemagne, l'Italie et la Russie peuvent arriver à un accord d'ensemble sur ces questions, les arrangements qu'ils prendront n'auront qu'une importance secondaire pour les Alliés occidentaux, à part notre dette vis-à-vis de la Serbie et du Monténégro et de leurs souverains. Il se peut que la Russie ne trouve pas si déplaisant le projet allemand d'un état limitrophe bohémo-polonais, à condition que le souverain n'en soit pas un Allemand, et il se peut que l'Allemagne trouve encore l'idée acceptable si le souverain n'est pas le Tsar.

C'est, en grande partie, entre les mains de l'Italie et de la Bulgarie que s'élaborera l'avenir Serbo-Croate. La Bulgarie n'était pas dans cette guerre au début, et il se peut qu'elle n'y soit pas à la fin. Son roi n'est pas immortel, ni impossible à remplacer. Son plus grand désir à l'heure actuelle doit être de conserver ses conquêtes en Macédoine et de tenir à distance, le plus possible, les poteaux-frontières d'une Allemagne trop... expansive. Elle n'a rien à attendre et beaucoup à craindre de la Roumanie et de la Grèce. Ses relations actuelles avec la Turquie sont contre nature. Elle a tout avantage à recouvrer le plus vite possible l'amitié de l'Italie et des puissances maritimes. Un état Serbo-Croate *ami*, servant de tampon contre l'Allemagne, sera probablement dans l'avenir une égale sécurité pour l'Italie et la Bulgarie ; plus spécialement si l'Italie a prolongé sa côte sur l'Adriatique, conformément aux anciennes possessions vénitiennes. La Serbie a été écrasée, mais jamais

les forces convergentes des intérêts adjacents
n'ont été si nettement en faveur de sa récupération. La possibilité pour l'Italie et la Roumanie, cet étrange rameau détaché du tronc
latin, de se donner la main à travers une Serbie alliée et amie, doit être très nettement présente à l'esprit italien. Selon la conception
que doivent en avoir les Alliés, la route par
terre entre l'Europe occidentale et l'Amérique
d'une part, Bagdad et l'Inde de l'autre, doit
passer par le Mont-Cenis, Trieste, la Serbie et
Constantinople ; de même que la route Nord-
Européenne vers les Indes doit traverser la
Russie, *via* Bakou.

Et ceci nous amène à Constantinople. Constantinople n'est pas une ville nationale ; c'est
à l'heure actuelle et ç'a toujours été une « cos-
mopolis » artificielle ; et Constantinople et les
Dardanelles sont essentiellement la porte de la
mer Noire. C'est pour la Russie que le débouché est d'importance suprême. Toute autre
puissance installée là peut stranguler la Russie ; la Russie maîtresse de ce débouché ne
peut guère faire de mal à qui que ce soit.

La Roumanie vient ensuite comme le pays le
plus intéressé dans l'affaire. Mais la Roumanie peut, en remontant le Danube, et par la
Bulgarie, la Serbie ou la Hongrie, atteindre le

monde extérieur. Ce sera toujours avec l'Europe centrale qu'elle fera le plus de commerce. Pendant des générations, les Turcs ont possédé la Thrace et l'Anatolie avant de mettre la main sur Constantinople. Constantinople n'est pas indispensable à la vie du Turc ; c'est même hors de Constantinople qu'il se porte le mieux ; la prise de Constantinople inaugura sa décadence. Il ne s'y installa que pour s'y corrompre. Ce fut la fin de sa carrière. J'avoue que mon esprit nourrit un penchant en faveur de la possession de Constantinople par la Russie. Je crois que, si elle ne l'obtient pas maintenant, elle y sera attirée, dans l'avenir, par une force telle qu'elle causera de nouvelles guerres. Il faut qu'elle ait un débouché maritime, où que ce soit. Et si ce n'est pas à Constantinople, alors il faudra qu'elle le trouve, ou bien dans une Arménie dépendante prolongée jusqu'à la côte de l'Empire du Levant, ou bien — hypothèse la plus improbable et la moins désirable — sur les bords du Golfe Persique. La route par Constantinople est la plus naturelle et la moins discutable des trois.

A mesure que la puissance turque diminue, les Turcs prennent de plus en plus des allures de chevaliers-brigands rançonnant les voyageurs sur les grands chemins. Je vois très bien la Russie faisant des concessions énormes, en Pologne par exemple, y consentant à des rétrocessions, y concédant l'autonomie, plutôt que de renoncer à son destin séculaire sur le Bosphore. Je crois qu'elle continuera la lutte le long de la côte de la mer Noire jusqu'à ce qu'elle y arrive.

C'est là, à mon avis, son but essentiel, sans l'obtention duquel il n'est pas de paix qui vaille, au même titre que la libération de la Belgique et le dédommagement de la France est le but essentiel de la Grande-Bretagne, et Trieste-Fiume le but essentiel de l'Italie.

Mais pour tout le terrain qui s'étend de Constantinople à la Prusse occidentale il n'y a pas de but absolument essentiel pour quiconque. C'est la région des concessions réciproques ; c'est là que se feront les longues négociations. Il faut que la Serbie soit rendue à elle-même et les Croates libérés ; tôt ou tard les Slaves du Sud revendiqueront leurs droits. Pour le reste, Autrichiens, Saxons, Bavarois, Hanovriens et Prussiens régleront leurs affaires intérieures. On sait que les Allemands rêvent de scinder l'Autriche-Hongrie en trois royaumes ; l'un d'eux passerait aux mains des Hohenzollern. La Hongrie, comme il est juste, serait sous les Habsbourg ; en fait, elle est à l'heure actuelle essentiellement Habsbourg et essentiellement anti-Slave. Il semble inévitable qu'elle gravite vers les puissances centrales.

Quant à savoir si le groupe Tchéco-Polonais serait, lui, un royaume Habsbourg, c'est une autre affaire. Ce n'est que si, en fin de compte, le succès des Alliés était très inférieur à ce qu'ils ont toutes raisons d'espérer, que la chose deviendrait possible.

La seule pierre de touche de la victoire finale dans cette guerre sera, à mon avis, la gravitation de cet État slave occidental vers le groupe de l'Europe centrale ou, au contraire, vers la Russie. Je crois que l'enjeu se réduit à cela en ce qui concerne l'Europe. Car presque tout le reste est à peu près inévitable. Telle est, ce me semble, la tendance probable que manifestera la carte d'Europe dans les années qui suivront immédiatement la guerre.

Si je pouvais assurer par ma mort la fin de l'empire des Hohenzollern pour demain, je mourrais avec joie. Mais il me faut — en tant que prophète soucieux de peser le pour et le contre — reconnaître qu'il est très probable que cet empire me survivra pendant plusieurs générations.

C'est, à mes yeux, une probabilité déplorable. Je préférerais de beaucoup pouvoir prédire une Allemagne délivrée de ses aigles et de ses Hohenzollern, et prête à prendre le premier rang parmi les puissances des États-Unis d'Europe.

IX

LES ÉTATS-UNIS, LA FRANCE, L'ANGLETERRE ET LA RUSSIE

Dans ce chapitre, je me propose de faire quelques conjectures sur l'évolution à venir de ces quatre grands États, dont les destinées seront sans doute désormais beaucoup plus intimement mêlées que ne l'ont été leurs histoires dans le passé. Je crois que le cours des étoiles tend à grouper ces États en une alliance de paix souveraine, garante de la paix du monde. Il se peut qu'il y ait d'autres étoiles dans cette constellation : par exemple l'Italie, le Japon, une confédération des États de l'Amérique latine ; je n'ai pas l'intention de m'occuper de cette éventualité pour le moment, mais de m'étendre seulement sur la formation de sympathies éclairées et de visées communes entre la France, la Russie et les pays de langue anglaise.

Parmi les leçons de l'expérience, il en est
une que tous ces pays ont apprise en commun
au cours des deux dernières années : ils ont
beaucoup perdu de leur suffisance. Ç'a été le
cas tout particulièrement pour les États-Unis
d'Amérique. Au début de cette guerre, les
État-Unis étaient encore en proie à la radieuse
illusion qu'ils étaient au-dessus de la politique
internationale générale, qu'ils n'avaient pas
besoin d'alliés et n'avaient pas à craindre d'ennemis, qu'ils constituaient une sorte de lieu
d'asile contre la guerre, et toutes les angoisses
et les hostilités douloureuses de l'Ancien
Monde. Étant eux-mêmes en sécurité, ils pouvaient intervenir, avec une farouche résolution, pour protéger leurs citoyens dans le
monde entier. N'avaient-ils pas bombardé
Alger?...

Je me rappelle que, peu après l'ouverture
des hostilités, je déjeunai au Savoy Hotel, de
Londres, qui était alors bourré d'Américains
brusquement chassés d'Europe par la tour-
mente. Il se trouva que mon hôte était un
homme de quelque importance diplomatique
et que plusieurs de ces Américains vinrent lui
parler. Ils étaient tout imbus de cette notion
périmée de l'inviolabilité des Américains.
Leur indignation était comique, même en cette

heure grave. Tels avaient été houspillés ; tels
autres avaient perdu leurs bagages en Allemagne. « Quand nous les rendra-t-on ? » de-
mandaient-ils. Certains d'entre eux semblaient
avoir dans l'idée qu'un touriste américain avait
parfaitement le droit, qu'on soit en guerre ou
pas, d'excursionner dans les Vosges ou sur les
bords du Rhin comme bon lui semblait. Ils
s'imaginaient qu'ils n'avaient qu'à agiter un
petit drapeau américain, et qu'alors un arbitre
donnerait un coup de sifflet pour suspendre le
combat jusqu'à ce qu'ils soient passés en toute
sécurité. Il y avait une famille qui avait bel
et bien fait une randonnée en charrette — son
automobile ayant été saisie — entre les lignes
des Français et des Allemands aux prises,
béatement inconsciente du peu de respect des
éclats d'obus pour la nationalité américaine....
Depuis ce moment-là, la nation américaine a,
au point de vue politique, vieilli de cent ans.

Les gens des États-Unis ont dépouillé cette
idée fausse qu'il existe un hémisphère oriental
et un hémisphère occidental, et que rien ne
peut pénétrer de l'un dans l'autre que les immigrants, les touristes et le commerce, et ils se
sont rendu compte que notre monde est un
seul et même globe, dont la circonférence
devient de plus en plus petite si on la me-

sure tous les dix ans en prenant pour unité le parcours d'une journée de voyage. Ils ne font que déchiffrer la leçon que les Anglais ont apprise au cours des quelque vingt dernières années : notre monde est un monde unique, et les baïonnettes sont une récolte qui se propage ; qu'elles poussent seulement et viennent en graine, si loin de vous que ce soit, et un moment viendra où elles sortiront de terre sous votre nez. Il n'est de paix réelle que la paix du monde entier, et celle-ci ne sera assurée que par l'effort du monde entier pour combattre et étouffer l'esprit d'agression, où qu'il se manifeste. Pour quiconque suit la presse américaine, cette prise de conscience a été de plus en plus évidente. De ses rêves de détachement et d'ineffable supériorité, l'Amérique en vient, très rapidement, à la conception d'un rôle actif dans la difficile besogne de la politique constructive. Elle songe à des alliances possibles, elle songe à jeter son poids et son influence dans la balance du côté où se trouvent le bon droit et la sécurité. Lasse d'être, en politique, un David Thoreau retiré dans les bois, une sorte de solitaire végétarien parmi les nations, un être aux vertus négatives, aux airs de supériorité inconscients — la voilà qui ceint ses reins pour prendre, au labeur du monde, une part virile parmi les autres hommes.

Pour autant que j'en puisse juger, l'esprit américain est éminemment vierge de toute inclination sentimentale en faveur des Anglais. Les Américains sont animés d'une haine traditionnelle de la monarchie hanovrienne et d'une défiance toute démocratique à l'égard de l'autocratie. Ils ont une conscience bien plus vive de ce qui nous sépare que de ce qui nous rapproche. Ils soupçonnent tous les Anglais de tenir un peu du « gentleman », un peu du laquais. Je n'ai jamais trouvé chez les Américains rien qui ressemblât à ce sentiment — commun à la masse des Anglais — qui nous empêche d'appliquer à un Américain l'épithète d' « étranger »; la sympathie et la fierté qu'inspirent les États-Unis aux républicains et aux radicaux anglais et irlandais ne trouvent pas d'écho chez eux. Il y a peu d'Américains qui se rendent compte qu'il existe des républicains anglais en chair et en os.

Ce qui, jusqu'ici, les a unis aux Anglais, ç'a été, pour la plus grande part, la communauté de langue et de littérature; ce n'est que depuis la guerre qu'un sentiment fraternel semble avoir fait son apparition de façon appréciable.

Et ç'a été, plutôt que la découverte d'une affection mutuelle, la prise de conscience d'une

communauté de pensée et d'intentions profondes beaucoup plus intime qu'on ne l'avait
soupçonné jusqu'ici. Les Américains, après
avoir débattu la question en eux-mêmes avec
une grande franchise et une grande vigueur,
croient fermement que l'Angleterre, somme
toute, lutte contre la politique d'agression, et
non pas pour son propre profit; qu'en toute
honnêteté elle soutient la France et la Belgique
contre une attaque intolérable, et que l'empire
Hohenzollern est une chose qu'il faut discréditer et, si possible, détruire, dans l'intérêt de
toute l'humanité, y compris l'Allemagne.

L'Amérique a fait cette surprenante découverte que les Anglais ont sur ces choses —
avec cette différence qu'ils en sont plus près
qu'eux — une opinion presque identique à
celle des Américains. Ils suivent les différentes
phases de la guerre en Angleterre : la tension
de notre effort, nos tâtonnements, notre ténacité, l'assaut livré par la conscription dans
une nation « non-militaire » par essence, avec
la sympathie éclairée et plénière d'une nation
aux conditions de vie similaires, qui ne diffère
de la nôtre que par les dimensions et la distance. Eux-mêmes ont déjà passé par quelque
chose du même genre. Il se peut que cela leur
arrive à nouveau. Ils ne s'étaient pas rendu

compte, jusqu'ici, à quel point nous étions parallèles. Ils commencent à entr'apercevoir le parallélisme beaucoup plus grand encore que nous atteindrons peut-être demain.

On voit, à des signes évidents, que les Américains se cherchent vraiment des affinités parmi les autres nations du monde ; c'est un nouveau caractère acquis sous l'influence de la guerre par la littérature et le journalisme intelligents d'Amérique. Et il est intéressant de noter combien ces affinités doivent nécessairement être partielles et morcelées. Historiquement et politiquement, c'est vers la France que les citoyens des États-Unis doivent être attirés le plus fortement. La France est la seule autre république moderne prospère ; elle fut l'instigatrice et l'amie de l'indépendance américaine. D'autre part, ce sont de puissants liens avec la Grande-Bretagne que les liens du langage, la tradition commune de liberté individuelle, la consanguinité. Mais la France et l'Angleterre sont des pays anciens, de population dense, et dont la maturité et le « fini » antiques et majestueux sont riches en attaches implicites avec le passé ; l'Amérique est, par comparaison, quelque chose de fruste, de novice, d'explicite ; un pays neuf, encore occupé à retourner des terres vierges, à se découvrir des ressources naturelles qui ne sont qu'à demi explorées.

Les États-Unis constituent un pays moderne, un pays de dimensions sans précédent, qui s'organise dès ses débuts selon des méthodes toutes modernes. Il n'y a qu'une autre contrée semblable sur notre planète, et celle-ci — chose assez curieuse — est similaire pour ce qui est du climat, de l'étendue et de la situation graphique : c'est la Russie d'Asie. Et même la Russie d'Europe participe plutôt du caractère américain de nouveauté que du caractère européen de tradition : Harvard fut fondé plus d'un demi-siècle avant Petrograd. Les petites villes que je vis par la portière du train, en allant vers Petrograd au sortir d'Allemagne, ne ressemblaient à aucune ville européenne que j'aie jamais vue. Les maisons de bois, les larges routes non empierrées, les véhicules qui y circulaient, le décor tout rongé d'hiver, quelque chose de spacieux à la fois et de désordonné, ramenèrent immédiatement ma pensée au paysage que l'on peut voir à l'arrière-plan de l'État de New-York, quand on va de Boston au Niagara. Et la réalité répond aux apparences.

Les États-Unis et la Russie sont l'aspect

oriental et l'aspect occidental d'une même
chose ; ce sont de grands États modernes,
organisant leur évolution dès l'abord sur une
échelle que seuls les chemins de fer rendent
praticable. Il est possible que la France et
l'Angleterre périssent au cours des deux siècles
à venir, ou qu'elles durent, mais il est certain
que, dans deux siècles, la Russie et les États-
Unis seront deux des plus importants groupements humains homogènes du globe.

Il n'y a pas de pays avec lequel la population des États-Unis ait autant de chances de
se découvrir des liens de sympathie, un système de valeurs commun et des intérêts communs, qu'avec ces trois pays, si ce n'est avec
les nations scandinaves. Les nations scandinaves ont fait preuve d'une tendance à adopter
un point de vue extra-européen, à porter leur
regard vers l'Est et vers l'Ouest plutôt que vers
le Sud, et à être pacifistes et progressistes
d'une façon tout américaine. Pour le moment,
toute sympathie proche avec l'Allemagne est
interdite aux Américains, du fait des Hohenzollern et du système d'idées que les Hohenzollern ont imposé à la pensée allemande.
Tant que les Allemands se cramponneront à
la tradition de mauvais goût de l'Empire,
tant qu'ils professeront le militarisme, tant

qu'ils conserveront leur croyance ridicule en cette étrange supériorité raciale qu'ils s'attribuent sur le reste du monde, il est absurde d'escompter un sentiment quelconque de coopération entre eux et aucun autre grand peuple.

La tradition américaine est basée sur le rejet d'une monarchie germanique ; c'est là son idée cardinale. Ces républicains endurcis n'ont pas mis à la porte les Hanovre et leurs troupes hessoises pour préparer la voie triomphale aux potentats de Potsdam. Mais, à part la solution de continuité causée par la monarchie teutonne, s'échelonne tout autour du monde — dans la zone tempérée boréale et au sud de la zone arctique — une ceinture de nations analogues dans l'ensemble pour ce qui est du tempérament, des conditions physiques et de la qualité intellectuelle et morale, riches en ressources naturelles considérables et non encore exploitées, ayant un intérêt commun à maintenir la paix pendant qu'elles exploiteront ces ressources, un intérêt commun aussi à assurer l'intégrité de la Chine et à empêcher qu'elle se transforme en une puissance militaire ; c'est une zone humaine qui a devant elle la très nette perspective d'un accroissement considérable de sa population déjà énorme, et l'on y parle dans l'ensemble l'une

ou l'autre de ces trois langues : le français, le
russe ou l'anglais. Je crois que la sympathie
spontanée agira dans le même sens que la
logique évidente de la situation pour amener l'esprit américain à prendre conscience
de ce faisceau d'intérêts communs et de sa
compatibilité avec la vieille idée d'un conti-
nent américain protégé par une doctrine de
Monroë contre toute possibilité d'agression de
la part des monarchies de l'Ancien Monde.

A mesure que s'évanouira l'ancien idéal
d'isolement et que l'esprit américain se fami-
liarisera avec cette conception nouvelle de la
nécessité d'un système d'alliances et d'ententes pour protéger l'humanité contre la
mégalomanie des races et des dynasties, je
crois que l'Amérique aura recours tout d'abord à
l'idée de partager la maîtrise des mers avec l'Angleterre et la France, puis à cette idée encore
plus large de former avec les Alliés jurés une
entente qui garantira la paix du monde.

Or, l'Allemagne a appris au monde plusieurs
choses, et l'une des plus importantes de ces
leçons, c'est qu'il ne faut plus que les destinées des États et des peuples soient à la
merci des arrangements secrets des diplomates, et des accords ou des rivalités des rois.
Pendant cinquante ans l'Allemagne s'est oc-

cupée à unifier l'esprit de son peuple pour l'opposer au monde. Elle l'a entiché d'un idéal nocif, mais ce qui est à remarquer, c'est qu'elle a réussi à l'enticher de cet idéal. Nul autre pays moderne n'a même esquissé une solidarité morale et mentale telle que celle que l'Allemagne a réalisée. Or un bon idéal tout autant qu'un mauvais demande à être inculqué systématiquement, formulé fréquemment, ouvertement, et sans cesse remis au point. Des nations muettes, dépourvues de pensée collective, ou victimes d'idées fixes, sont des nations dangereuses et condamnées. Il faut que les grandes conceptions politiques nécessaires à l'instauration de la paix du monde deviennent la propriété collective de la masse des adultes intelligents, si l'on veut qu'elle résistent aux assauts du chenapan politique, de l'aventurier royal, de l'exploiteur du barreau, de tous les ennemis et de tous les éparpilleurs de l'humanité. Il faut que les Français, les Américains et les Anglais prennent conscience de cette nécessité ; il faut qu'ils formulent leur volonté commune sur ce point ; il faut qu'ils fassent comprendre au peuple russe qu'ils sont mus par cette volonté ; il faut qu'ils la lui fassent partager. Au delà de cette tâche est la tâche plus grande encore d'établir un système commun d'entente avec les masses intellectuelles de la Chine et de l'Inde. Pour le moment, trois sur quatre des grandes puissances en question étant absorbées par les réalités pratiques de la guerre, il y a là pour l'Amérique une occasion — qui peut-être ne se retrouvera jamais — de parler la première et de donner le ton.....

Jusqu'ici je n'ai fait qu'exposer une situation et passer en revue certaines possibilités. Au cours des cinquante dernières années, les États-Unis ont mis en œuvre un vaste système d'universités et une production continentale de littérature et de polémique, pour compléter la maigre presse et la littérature limitée à la « Nouvelle-Angleterre », qui furent celles de l'Amérique dans la place première de son histoire. C'est un des problèmes les plus intéressants au monde pour quiconque, que de se demander jusqu'à quel point la pensée américaine, dans ces nouveaux cadres, est capable de comprendre la prodigieuse portée des occasions et des sollicitations de l'heure présente. La guerre et les perspectives nouvelles qu'elle ouvrira nécessairement exigeront, de la pensée et de toutes les ressources intellectuelles et morale des Alliés jurés, des efforts considérables. Jusqu'à quel point ce système de pensée et d'érudition des États-Unis, neuf mais immense et en voie de croissance, est-il capable de cette propagande d'idées et de langue, de cette expression progressive d'un idéal de fraternité en voie de formation, qui, dans des pays aussi primesautiers, aussi chaotiques — ou aussi démocratiques — que les États-Unis et les Alliés jurés doit nécessairement prendre la place de la *Kultur* systématique et autoritaire des États de type teuton ?

En tant qu'Anglais qui ne se cache pas d'être patriote, j'aimerais à voir la Grande-Bretagne assumer la direction de cette synthèse intellectuelle des nations, qu'il *faut* mener à bien si l'on veut que les guerres cessent. Mais je suis forcé d'avouer que je ne vois en Grande-Bretagne ni la hardiesse d'imagination de la France, ni l'alerte esprit d'entreprise des Américains. Personnellement, j'envisage le problème du point de vue de la paix et de la civilisation, mais il y a d'autres raisons, plus terre à terre mais tout aussi effectives, pour que l'Amérique, la France et la Grande-Bretagne travaillent à développer une confiance et une compréhension mutuelles entre leurs propres populations et la population russe. Il y a en Russie un champ d'action immédiat pour les affaires. Il y en a un autre, secondaire, en Chine, et de celui-là nous tirerons meilleur parti en tant qu'associés qu'en tant que rivaux des Russes. Les Américains étant là aux premières loges, par le Pacifique, et puisqu'il est probable qu'ils disposeront de plus de capital et de plus d'énergie que les Alliés jurés, j'incline, somme toute, à croire que ce sont eux qui, en fin de compte, feront œuvre de pionniers et de guides dans cette tâche que les circonstances réclament de nous.

Si l'on veut qu'il se crée, pour doubler les alliances de la guerre actuelle, un système d'accords durables qui nous conduise à la paix mondiale, il est nécessaire d'avoir pour base de ces accords une bien plus grande facilité de commerce intellectuel qu'il n'en existe à l'heure actuelle. En premier lieu, il faut au monde une *lingua franca* ; ensuite, il faut que les nations occidentales connaissent mieux qu'elles ne le font la langue et la vie russes ; et il faut enfin que la langue anglaise devienne plus aisément accessible qu'elle ne l'est à l'heure actuelle. Le principal obstacle pour un Français ou un Anglais qui veut apprendre la langue russe, c'est son alphabet difficile et déconcertant ; le principal obstacle pour quiconque veut apprendre la langue anglaise, c'est son orthographe illogique. Y a-t-il des chances pour que les gens triomphent à l'avenir de ces très sérieuses difficultés et, si oui, par quel moyen ? Et quel espoir y a-t-il d'établir une *lingua franca ?*

Chaque fois qu'on examine de près les causes et les influences déterminantes des grandes convulsions de notre époque, on est de plus en plus frappé par un effet de disproportion entre l'influence directrice ultime et les événements. C'est, en fait, chose prouvée — du moins à ce qui me semble — qu'il faut attribuer les causes de cette immense agression de l'Allemagne au ton général de la pensée et de la polémique de cour dans la Prusse du XVIIIe siècle, aux théories de quelques professeurs et à l'infléchissement progressif de l'éducation allemande dans une certaine direction. Il me semble que, selon un rapport analogue, les professeurs de langues vivantes d'aujourd'hui et de demain tiennent peut-être entre leurs mains les germes de gigantesques transformations internationales à venir.

Il ne s'agit pas tellement des capacités ou du dévouement des professeurs pris individuellement, mais plutôt de la possibilité de les organiser sur une immense échelle. Un professeur isolé doit nécessairement se servir des livres courants, de l'orthographe et des caractères courants de la langue qu'il enseigne ; il peut sans doute se procurer chez tel ou tel éditeur quelques livres de classe élémentaires, imprimés spécialement pour l'enseignement, mais il se voit bientôt forcé d'avoir recours à ce qui s'imprime pour le public. Ceci, comme je vais le montrer tout de suite, proscrit la méthode d'enseignement qui serait la plus rapide et la plus féconde. Et, en cette matière comme en presque toutes, l'entreprise privée, le système individualiste, se révèle comme un fiasco. En Angleterre, par exemple, les livres de classe en russe n'offrent qu'un maigre et piètre choix, et je ne crois pas qu'il existe de dictionnaire russe-anglais et anglais-russe qui puisse être de quelque utilité, ou s'il y en a un, il est si mal publié qu'il reste inaccessible à mes recherches. Mais un État, un groupe d'universités, voire une riche association privée — telle que pourraient la former, sans qu'il y ait là rien pour nous étonner, des hommes d'affaires américains, français et anglais — pourraient s'attaquer au problème de l'enseignement des langues d'une façon toute différente.

La difficulté de l'enseignement de l'anglais réside dans l'incohérence de l'orthographe et les difficultés de prononciation qui en résultent. Si l'on avait sous la main une copieuse série de manuels de classe, de livres de lecture et de livres d'intérêt général, imprimés selon des caractères et une orthographe phonétiques cohérents — dans lesquels la valeur des lettres du système phonétique suivrait d'aussi près que possible l'usage dominant en Europe — la difficulté qu'on rencontre à enseigner l'anglais, non seulement aux étrangers, mais, comme l'ont abondamment prouvé les expériences d'enseignement de la lecture, faites par la *Société pour la Simplification de l'orthographe*, aux enfants anglais eux-mêmes, serait considérablement réduite. Il devient possible de laisser de côté, pour commencer, l'orthographe irrationnelle. L'élève aborde la langue étrangère et se l'assimile dans ce qu'elle a d'essentiel. Il lui est loisible ensuite d'en venir à l'orthographe orthodoxe, qu'il n'a, dès lors, pas plus de peine à lire et à assimiler que n'en a un Anglais d'éducation moyenne à lire l'orthographe facétieuse d'Artemus Ward ou des articles de la *Westminster Gazette* signés « Orfis boy ». L'élève fait une seule chose à la fois au lieu d'essayer, comme il y est contraint autrement, d'en faire deux — et toutes deux difficiles, différentes et contradictoires — simultanément.

Apprendre une langue est une chose, et se

graver dans la mémoire un système illogique d'images visuelles — car c'est à cela que revient la lecture de l'orthographe anglaise ordinaire — en est une tout autre. On peut apprendre à jouer d'abord aux échecs et ensuite au bridge en moitié moins de temps qu'il n'en faudrait si l'on commençait par essayer de jouer les deux ensemble ; et le même principe s'applique exactement au problème des langues.

Ces considérations nous amènent à l'idée d'une ramification spéciale, d'une espèce dérivée de la langue anglaise, pour l'enseignement élémentaire et pour la consommation des étrangers. Ce serait de l'anglais très légèrement simplifié et régularisé, et orthographié phonétiquement. Appelons-le de l' « anglo-américain ». L'agent de propagande, quel qu'il soit (État, université ou association) imprimerait en cet idiome non seulement des livres scolaires, mais toute une littérature d'éditions à bon marché. Cette variété anglo-américaine de la langue anglaise, spécialisée et simplifiée, stimulerait énormément la diffusion déjà considérable de cette langue et travaillerait efficacement à en faire la *lingua franca* dont le monde a besoin.

De même, l'alphabet phonétique adopté comme instrument d'enseignement de l'anglais,

pourrait l'être aussi pour l'enseignement du
français, là où — comme dans les Iles Britanniques, le Canada, l'Afrique du Nord et du
Centre, et de vastes régions de l'Orient — il
est désirable de rendre bilingue une population de langue anglaise. Pour le moment, un
livre en français est lettre morte pour un
Anglais non initié, un livre en anglais ne fournit à un Français non initié aucun graphique
de son précis. Au contraire, un Anglais non
initié pourrait lire à haute voix du premier
coup — bien qu'il ne pût le comprendre, cela
va sans dire — un livre français imprimé
selon un système phonétique adéquat. Dès
l'abord, les sons ne présenteraient pour lui
aucune difficulté. Et vice versa. Un système de
publication de ce genre annihilerait ce qui
constitue, pour des masses de Français et
d'Anglais, un obstacle insurmontable à l'acquisition d'une seconde langue. Sa création est
une tâche trop colossale pour les efforts individuels de tels ou tels éditeurs ou professeurs,
mais la tâche est infime quand on songe à
la valeur nationale de ses conséquences. Quant
à savoir si elle sera jamais accomplie, c'est
une de ces énigmes (les plus embarrassantes
pour le prophète) dont le secret appartient aux
imprévisibles caprices de la cervelle humaine.

Le problème devient à la fois plus grave et plus urgent, et la solution en paraît plus douteuse encore, quand on examine le cas de la langue russe. J'ai étudié de près cette question de l'enseignement du russe, et je suis convaincu que, dans les conditions actuelles d'enseignement, un nombre très réduit de gens de langue anglaise et française arriveront à posséder le russe. Si nous autres Occidentaux voulons entrer en contact avec la Russie pour de bon, il nous faut attaquer ce problème de la langue russe avec une hardiesse d'imagination, avec une ampleur de vues, dont je n'aperçois pas trace pour le moment. Si nous ne le faisons pas, alors les Belges, les Français, les Américains et les Anglais se remettront à faire leurs affaires en Russie, après la guerre, en langue allemande, ou par l'intermédiaire de quelque serviable interprète allemand. C'est là, j'en ai peur, la solution probable. Mais ce n'est pas la solution inéluctable. Un peu de volonté et d'intelligence pourrait tout changer.

Ce qu'il faut faire, c'est de faire enseigner le russe, pour commencer, à l'aide de caractères phonétiques occidentaux. Le russe devient alors une langue guère plus difficile à apprendre que, par exemple, l'allemand ne l'est pour un Français. Quand l'élève pourra parler assez couramment, qu'il aura un vocabulaire bien fourni, une phraséologie, qu'il saura conjuguer un verbe, etc., alors — et alors seulement — il pourra s'attaquer à la série d'images visuelles inconnues et déroutantes que constituent les signes graphiques russes (je parle du point de vue de ceux qui lisent l'alphabet latin). A quel point ces signes peuvent être déroutants, ceux qui en ont fait l'expérience peuvent seuls le dire. Ce qu'ils ont de familier aux yeux augmente la difficulté ; des formes complètement inconnues seraient plus faciles à apprendre. Un Français ou un Anglais rencontre par exemple le mot

COP ;

cela se prononce

SAR !

Pour ceux qui apprennent les langues, comme le font tant de gens à l'heure actuelle, par images visuelles, il y aura toujours une tendance sous-jacente à dire « COP ». L'esprit fonce en vain à travers ces broussailles pour atteindre les éléments d'un idiome qu'il ne connaît pas encore.

Et malgré cela, presque toutes les méthodes d'enseignement du russe sur lesquelles j'ai pu me renseigner commencent par l'alphabet, et devront sans doute nécessairement commencer par là jusqu'au jour où les professeurs auront à leur disposition une série de livres scolaires convenablement imprimés pour leur permettre de mieux faire. Je sais que, dans un collège, un certain professeur consacra tout le premier trimestre, le tiers de l'année, à l'alphabet. A la fin des trois mois ses élèves n'avaient pas encore fait de progrès satisfaisants. Il leur donnait naturellement des mots russes — des mots qui leur étaient totalement inconnus — en caractères russes. C'était trop à absorber d'un seul coup. Il ne songeait même pas à leur apprendre à écrire des mots français et anglais avec les caractères nouveaux. Il ignorait évidemment tout système de translitération, et il ne faisait rien pour aplanir la tâche impossible qu'il avait devant lui. A la fin du trimestre la plupart des élèves renoncèrent à l'infructueux effort. Ce n'est pas exagérer que de dire que, pour un grand nombre de gens dont la mémoire est surtout visuelle, le double effort à fournir au début de l'étude du russe est tout à fait excessif. Il les arrête complètement. Mais tout le monde, ou presque, peut apprendre le russe s'il se présente, pour commencer, en des caractères qui n'offrent pas de difficulté.

Si je me trouvais dans la nécessité urgente d'apprendre le russe, j'adopterais quelque système reconnu de translitération ; je transcrirais soigneusement tous les mots russes de mon manuel en caractères latins, et j'apprendrais les éléments de la langue dans mon manuscrit. Il y a environ un an, je fis un court séjour en Russie, ayant en poche un manuel intitulé *Le russe sans maître*. Rien ne me reste plus, rien ne m'est jamais resté de ce « russe sans maître », que les mots que j'ai appris en caractères latins. Ceux-là me sont restés en mémoire — comme tous les mots que je sais — sous forme de groupes de lettres latins. J'ai, par exemple, appris à compter jusqu'à cent. Et l'autre jour je n'ai pas su reconnaître le mot russe qui veut dire onze, écrit en caractères russes. Il me fallut le déchiffrer lettre par lettre : « Ah ! oui » dis-je alors. Mais je reconnus le mot à l'entendre.

Je me place, pour parler de toutes ces choses, au point de vue de l'élève désireux d'apprendre. Certains professeurs de russe seront de mon avis, et d'autres pas. C'est un paradoxe dans la psychologie du professeur, que peu de maîtres ont le désir d'adopter des méthodes d'enseignement « coulantes » ; ils détestent enjamber les difficultés beaucoup

plus qu'ils ne détestent les difficultés elles-
mêmes, parce que tout l'intérêt consiste pour
eux dans le fait d'enseigner et non dans le fait
d'arriver au but. Mais ce que nous voulons,
nous autres qui apprenons le russe, ce n'est
pas une connaissance subtile des petits
détails ; nous ne voulons pas employer une
heure inutilement dans notre étude ; nous voulons arriver au but le plus rapidement et le
plus efficacement possible. Et pour cela, la
translitération des livres de lecture est essentielle.

Toutes ces considérations peuvent sembler
n'être que menus détails de l'enseignement des
langues, simples bavardages de maîtres d'é-
cole. Mais les conséquences en ont une ampleur
mondiale. L'absence de ces manuels et de ces
livres de lecture est un immense abîme entre
la Russie et ses Alliés ; *c'est un abîme plus
grand que ne le seraient les malentendus
politiques les plus profonds*. Nous ne pouvons atteindre les Russes pour nous expliquer
à eux ; ils ne peuvent nous atteindre pour s'expliquer à nous. Une étroite passerelle d'interprètes constitue notre seul lien avec la pensée
russe. Et beaucoup de ces interprètes appartiennent à une race qui est hostile à la Russie
pour de bonnes raisons. La publication d'un

stock abondant et bon marché, d'abord de livres français et anglais, écrits en langue française ou anglaise mais en caractères russes, au moyen desquels les Russes pourraient apprendre rapidement le français et l'anglais (car c'est pure fable que de prétendre que ces langues sont connues et employées en Russie en dehors de la cour et de l'aristocratie), et ensuite de livres russes en caractères latins, ou en quelque modification phonétique facile du latin — sera un facteur plus efficace que presque tout autre pris isolément, dans la tâche de faciliter les relations et le commerce intellectuel entre la Russie d'une part, et de l'autre la France, l'Amérique et l'Angleterre, et de consolider ainsi l'alliance actuelle.

Mais cela ne « rapportera » pas d'entreprendre cette publication ; si l'on s'en remet aux initiatives privées des éditeurs ou des professeurs de langues vivantes, elle ne verra jamais le jour. C'est une entreprise publique nécessaire.

Mais, du fait qu'une chose est nécessaire, il ne s'ensuit pas forcément qu'elle s'accomplira. Le pain est nécessaire pour un homme qui meurt de faim, mais il lui reste toujours une autre ressource, qui est de mourir. La France, qui est le pays le plus accessible aux idées

créatrices, est le moins directement intéressé
dans cette affaire particulière. La Grande-Bretagne est encore pesamment conservatrice. Il
serait vain de ne pas tenir compte des
réserves de force dont disposent l'Église établie, les universités et les grandes écoles —
force d'opposition irrationnelle contre toutes
choses nouvelles. Les universités américaines
sont relativement juvéniles, et parfois nova-
trices étonnamment, et l'Amérique est la patrie
des millionnaires d'esprit aventureux. Les journaux américains qui me sont parvenus récemment donnaient des signes d'une velléité de
marcher de l'avant avec la Russie, et d'isoler
les Allemands (et, par la même occasion, les
Anglais). Au milieu des remous et des enche-
vêtrements du temps extraordinaire où nous
vivons, il me semble discerner la très nette
probabilité que l'Amérique prendra la tête, au
moins pour ce qui est de cet effort si essentiel
de promouvoir l'entente intellectuelle et morale entre les nations.

X

LA TÂCHE DE L'HOMME BLANC

Un des traits les plus curieux du « pacifiste » anglais, c'est la sérénité consentante
avec laquelle il envisage la cession de vastes
groupes de population noire ou colorée aux
Hohenzollern, à titre de champ d'expérience
et d'exploitation. Étant moi-même une façon
de pacifiste qui s'efforce de contribuer, pour sa
petite part, à l'instauration de la paix mondiale, triomphante et armée contre tout pertur-
bateur, je n'en sympathiserais que plus volontiers avec l'école de pacifistes la plus passive,
si ses propositions renfermaient l'idée que
l'Angleterre ait à s'en tenir à ce qui est anglais,
et l'Allemagne à ce qui est allemand. Mon
idéal politique est l'établissement des États-
Unis du monde, d'une union d'États dont
les frontières nationales seraient déterminées

d'après ce que j'ai défini « la carte naturelle
de l'humanité ». Je ne puis comprendre ces
pacifistes qui parlent du droit de l'Allemagne
à « l'expansion » et débitent des sornettes en
faveur d'une restitution des colonies qui lui
ont été si justement enlevées. Cela me paraît
être, non pas du pacifisme, mais une inver-
sion du sens patriotique. Cette disposition
toute désintéressée à confier le sort de nos
semblables à un système d'éducation teuton
qui tient le « terrorisme » en réserve, et fait
de l' « efficacité », selon le mode de Witten-
berg, me met en rage. Les spectres des
Herreros torturés de soif, sortant par milliers
de la poussière africaine, se dressent pour
protester.

Cette formule d' « expansion légitime »
n'est plus en réalité, à l'heure actuelle, qu'un
euphémisme d'exploiteur. L'âge de l' « expansion », des « empires », touche à sa fin. Nul
n'en peut douter qui sait déchiffrer les signes
des temps au Japon, dans l'Inde et en Chine.
Cet âge prit fin en Amérique il y a cent ans ;
il s'achève en ce moment en Asie ; c'est en
Afrique qu'il durera le plus longtemps ; et là
même sa fin est proche. L'Espagne n'a fait
que devancer les autres « empires » dans le
chemin qu'ils devront nécessairement suivre.

Qu'on regarde ses possessions dans les atlas datant de 1800. Elle dégringola les degrés, c'est vrai ; mais il est difficile de les descendre. Il n'est pas d'homme sensé, allemand ou anti-allemand, qui, ayant médité sur les perspectives nouvelles des temps, puisse désirer la restauration de l'empire colonial allemand maintenant disparu — foyer d'intrigues, d'agressions et de menées éhontées ; collection de bases d'attaque contre les territoires avoisinants — pour compliquer encore la tâche immense de désenchevêtrement et de réadaptation que les Français, les Anglais, et les Italiens ont déjà devant eux.

Aussitôt que nous abordons le problème de l'indispensable alliance permanente que cette guerre a imposée à la France, à la Belgique, à la Grande-Bretagne et à la Russie (pour ne citer qu'elles), nous nous trouvons en présence de cet autre problème, celui des « empires ». Que feront les Alliés au sujet des « races asservies » ? Que fera le monde ? Il est de toute vraisemblance qu'à la solution de cette question les « races asservies » prendront une part dont l'importance ira croissant. Nous autres Européens pouvons à l'heure actuelle discuter leur sort entre nous ; c'est avec eux-mêmes que nous le discuterons demain. Si nous ne nous entendons pas avec eux, à ce moment-là, ils prendront en leurs propres mains, et malgré nous, la direction de leurs destinées. Bien avant l'an de grâce 2100 il n'y aura plus aucune « race asservie » de par le monde.

Ici encore, nous en arrivons à nous poser cette même délicate question de *degré* qui surgit à tous les tournants essentiels de notre examen des probabilités de l'avenir. Dans quelle mesure la chose se fera-t-elle avec noblesse ? dans quelle mesure avec astuce et bassesse ? dans quelle mesure la magnanimité, la générosité imaginative, l'emporteront-elles sur l'esprit de méfiance et de chicane que tout être humain recèle en lui ? Verra-t-on, par exemple, les Français, les Anglais, les Belges, les Italiens, s'entr'aider en Afrique, ou bien se desservir et se tromper mutuellement ? Le Russe ne cherche-t-il qu'un débouché nécessaire sur les mers extérieures, ou bien a-t-il des visées sur Delhi ? Ici encore, comme partout dans ce genre de problèmes, les idiosyncrasies personnelles interviennent ; je suis, quant à moi, fortement enclin à me fier à tout ce qu'il y a d'excellent chez le Russe.

Mais en dehors même de cet incertain facteur de générosité, il y a dans le problème qui nous occupe deux forces puissantes qui tendent à s'opposer aux contestations, aux mesquineries, aux déloyautés cachées. L'une d'elles est le fait que l'Allemagne restera certainement dangereuse à la fin de la guerre ; et l'autre, le fait que l'abîme qui sépare les nations européennes des grands groupements asiatiques et africains — pour ce qui est de l'efficacité d'action, du sentiment national et de la hardiesse à envisager l'avenir — va diminuant rapidement. Si les Européens se disputent encore longtemps l'autorité mondiale, un jour viendra où il n'y aura plus d'autorité mondiale à se disputer. Nous n'avons jusqu'à présent aucun moyen d'évaluer l'affaiblissement relatif où cette guerre a plongé l'Europe par rapport à l'Asie. En tous cas, certaines choses paraissent si inévitables — par exemple l'unification d'un Bengale modernisé, de la Chine, de l'Égypte — que la question qui se pose à nous se réduit, en fait, à deux alternatives : ou bien la réhabilitation des peuples asservis se fera avec l'aide et le consentement de l'Européen, ou bien elle se fera envers et contre lui. Mais que ce soit d'une ou d'autre façon. il est certain qu'elle se fera.

Le temps de l'oppression est passé. C'est ce

qu'on sait bien dans tous les pays où se cou-
doient le blanc, le noir et le jaune. Si les
Alliés jurés ne sont pas disposés à faire pénétrer la lumière parmi leurs peuples-sujets, et
à se préparer en vue d'un proche avenir d'égalité universelle, les Allemands le feront. Si
les Allemands échouent dans leur tentative
d'asservissement, la plus vaste qui fut jamais,
ils entreprendront peut-être une œuvre d'affranchissement, la plus efficace qui puisse
être. Ils se mettront en devoir, avec l'achar-
nement qui les caractérise, de détruire le
« prestige » magique qui, surtout en Asie, est
la clef du miracle de la domination européenne. Il se peut qu'en fin de compte ce ne
soit pas là rendre un si mauvais service à
l'humanité. Il faut que l'Europe s'apprête,
soit à rendre sa présence supportable en
Asie, à s'expliquer clairement à l'Asie, à se
faire comprendre de l'Asie, soit à abandonner
l'Asie. Telle est, dans sa réalité brutale, la
situation asiatique.

Nous avons déjà fait remarquer que, si
l'accord entre les Alliés jurés doit vraiment
être durable, il faut qu'il comporte une façon
de Zollverein, une politique collective à l'égard
du reste du monde et des mesures tendant à
l'établissement d'une autorité collective sur

les colonies de tous les Alliés. Il sera intéressant, ayant esquissé déjà une carte possible
de l'Europe après la guerre, d'examiner un
peu plus attentivement la nature des « empires » en question et de tracer quelques-unes
des grandes lignes de la carte probable de
l'hémisphère oriental — l'Europe mise à part
— dans les années immédiatement à venir.

Il y a, à prendre les choses en gros, trois
types de « possessions » transocéaniques. Ce
peuvent être : 1° des territoires à peu près
inoccupés à l'origine, et qui furent peuplés
par la nation colonisatrice ; 2° des territoires
où vivaient une population barbare, sans
aucune conscience nationale ; 3° des États
conquis. Dans le cas de l'empire britannique,
ces trois types sont représentés ; dans le cas
de la France, le deuxième et le troisième seulement ; dans le cas de la Russie, le premier
et le troisième. Chacun de ces types doit
nécessairement suivre sa propre ligne d'évolution. Considérons d'abord ces territoires par-
cimonieusement ou pas du tout peuplés à
l'origine, et dans lesquels tout ou partie de
l'élément ethnique dominant est apparenté à
celui de la métropole. Les Anglais appelaient
autrefois ces territoires des « colonies », bien
que le mot, au sens où l'entendaient la Grèce

et Rome, ne désignât, à vrai dire, que des villes fortifiées établies en pays étranger. On est en train de les rebaptiser « dominions ». L'Australie, par exemple, est un dominion anglais ; la Sibérie et la plus grande partie de la Russie d'Asie, un dominion russe. La destinée évidente de ces contrées, c'est de voir leurs enfants devenir des citoyens au même titre que les cousins et les frères qu'ils ont laissés dans la mère-patrie.

On a beaucoup discuté, en Angleterre, au cours de ces dix dernières années, la possibilité d'une modification de la législation anglaise qui permettrait aux représentants des dominions de prendre une part proportionnelle au gouvernement de l'empire. Le problème s'est trouvé compliqué par les incertitudes de la question d'Irlande et les germes de discorde qu'y semaient les Tories, et aussi par les difficultés provenant des colonies anglaises de race non britannique — les États de l'Inde par exemple — dont les intérêts sont parfois en conflit avec ceux des Dominions.

Ce que l'idée d'une législation impériale offre de séduisant ne l'est qu'au premier abord, et j'ai des doutes sérieux quant à la possibilité de la réaliser. Ces dominions paraissent tendre plutôt à devenir des États autonomes et distincts, unis à la Grande-Bretagne par une alliance étroite et sympathisante, et intéressés tous au même titre dans la marine anglaise. Sur bien des points, les intérêts des dominions sont plus éloignés de ceux de la Grande-Bretagne que ceux-ci ne le sont des intérêts de la Russie ou de la France. Une bonne partie des intérêts du Canada sont plus étroitement liés à ceux des États-Unis qu'à ceux de l'Australie, par exemple en ce qui concerne le maintien du principe de Monroë. Le Sud-Africain, d'autre part, adopte à l'égard des sujets britanniques de race hindoue une attitude fort embarrassante pour l'Angleterre. Dans toutes les colonies anglaises se manifeste une tendance à lire des livres et des périodiques américains plutôt qu'anglais, quand ce ne serait que pour cette raison que la vie de ces colonies, dans des contrées encore neuves et très démocratiques, présente un caractère beaucoup plus américain qu'anglais.

D'autre part, la Grande-Bretagne a en Europe des intérêts — l'intégrité de la Hollande et de la Belgique est l'un d'entre eux — plus proches des intérêts de la France que de ceux des jeunes Angleterres de par-delà les mers. Le droit de vote au sein d'une alliance qui comprendrait la France et les

États-Unis, et dont le principal intérêt collectif serait la maîtrise des mers, paraîtra peut-être, un jour, infiniment plus désirable à ces grands dominions de langue anglaise en voie de développement, que le droit d'envoyer leurs représentants à une Chambre des Lords impériale siégeant à Westminster, ou le privilège de voir leurs politiciens grisonnants recevoir des titres et des décorations à Buckingham-Palace.

Il faut, à mon avis, si l'Angleterre et ses Alliés veulent se grouper en un tout plus vaste, que tous se pénètrent de la nécessité de desserrer quelque peu leur étreinte sur leurs « possessions ». Je ne vois pas qu'aucune solide unanimité d'intention leur soit possible s'ils ne consentent à ces concessions et à ces remises au point.

La seconde classe de « possessions » étrangères est celle qui intéresse le plus directement les Français, les Belges et les Italiens. L'Angleterre aussi a des colonies de ce genre dans l'Afrique centrale et les régions les moins civilisées de l'Inde ; mais la Russie n'en a pour ainsi dire aucune. Dans cette seconde catégorie de possessions, la population est nombreuse, barbare, incapable d'aucune organisation politique ample et durable, et une petite minorité d'administrateurs européens la gouverne.

Les plus grandes parmi ce genre de colonies sont celles de l'Afrique de race noire. L'idée d'un grand Ouest-Central africain, français de langue, s'est fortement imposée à l'imagination française, et la moyenne des citoyens anglais ne seraient que trop heureux d'y voir incorporer les colonies allemandes conquises. Les Italiens ont un champ d'action similaire à l'intérieur de la Tripolitaine. Il est fort possible que la France, la Belgique et l'Italie, toutes menées hostiles apaisées entre elles, se mettent un jour à l'œuvre, de concert, pour faire sortir du chaos de tribus qui peuplent ces vastes régions une civilisation latine selon leur cœur. Elles réussiront dans ce domaine, j'en suis convaincu, infiniment mieux que l'Angleterre. Les peuples de langue anglaise ont été les *colonisateurs* les plus heureux peut-être du monde entier : les États-Unis et les dominions sont là pour en témoigner ; seuls les émigrants russes en Sibérie peuvent leur être comparés. Mais les Anglais font preuve en tant qu'administrateurs d'un détachement froid qui est un trait de race. Ils n'ont rien à donner à un peuple noir, et nulle envie, d'ailleurs, de donner quoi que ce soit.

D'autre part, les peuples latins, les pays méditerranéens, se sont révélés comme les plus heureux *assimilateurs* d'autres races que l'humanité ait jamais connus. Alexandre Dumas n'est pas une des moindres gloires de la France. Je crois que dans cent ans l'Afrique de race noire, à l'ouest de la Tripolitaine, depuis Oran jusqu'à la Rhodésia, parlera français. Et s'il en est une partie qui ne le parle pas, elle parlera l'italien, langue étroitement apparentée. Je ne vois pas pourquoi cette culture latine adaptée aux noirs ne pousserait pas une pointe, à travers l'Afrique équatoriale, jusqu'à la rencontre de l'influence hindoue qui règne sur la côte, et ne se prolongerait pas jusqu'à atteindre Madagascar. Je ne vois pas pourquoi le drapeau anglais serait un obstacle à la latinisation de l'Afrique tropicale ou à la diffusion naturelle des langues française et italienne à travers l'Égypte. J'ai idée cependant que ce sera une population de culte islamique et non chrétien qui parlera italien ou français. Car l'initiative civilisatrice des peuples de langue française ouvrira des routes, non seulement aux Français, aux Belges et aux Italiens, mais aux Arabes, dont la religion et la culture rayonnent déjà en tous sens sur l'Afrique de race noire. Il n'y a pas d'autre peuple, pas d'autre religion qui soient aussi naturellement désignés pour fournir au nègre ce qui lui manque encore pour prendre place au concert des peuples civilisés.

Quelques mots de digression sur l'avenir de l'Islamisme ne seront peut-être pas déplacés ici. L'idée d'une chrétienté militante a disparu du monde. Les derniers efforts illusoires de propagande chrétienne ont trouvé leur tombeau dans les tranchées des Balkans. Une unification de l'Afrique sous les auspices des races latines n'implique plus à l'heure actuelle la menace d'une invasion de missionnaires. L'Afrique offrira des chances égales à toutes les religions, et la religion que choisira le nègre sera celle qui s'adaptera le mieux à ses besoins. Cette religion, d'après ce que nous en disent tous ceux qui ont qualité en ces matières, c'est l'Islamisme, et son apôtre tout indiqué est l'Arabe. Rien ne s'oppose à ce que ce soit un Arabe francisé.

Les Français et les Anglais ont tous deux le plus grand intérêt à voir revivre la culture arabe. Que l'Allemand, lui, apprenne le turc si cela lui fait plaisir. Dans toute l'Afrique et dans l'Asie occidentale l'avenir est plein de promesses pour un Islamisme renaissant sous les auspices des Arabes. Constantinople, cité vénale assise au bord des Détroits comme Asenath au bord du gué, a corrompu tous ceux qui sont venus à elle. C'est elle qui a paralysé l'Islamisme. Mais l'Islamisme du Turc est autre chose que l'Islamisme de l'Arabe. Celui-ci fut une des grandes impulsions favorables au progrès de l'humanité. C'est notre fâcheuse habitude — alors que nous reconnaissons pleinement notre dette vis-à-vis des Hébreux et des Grecs — que d'estimer au-dessous de sa valeur l'apport des Arabes à la civilisation. C'est aux initiatives de la culture islamique, par exemple, que nous devons nos chiffres, la plus grande partie des mathématiques modernes, et la science de la chimie. Les Anglais se sont déjà mis en devoir d'établir un enseignement universitaire islamique en Égypte, mais ce n'est là que le premier coup de pioche à l'entrée de la mine. L'anglais, le français, le russe, l'arabe, l'hindoustani, l'espagnol, l'italien, ce sont là les grandes langues universelles qui intéressent le plus l'avenir de la civilisation, tel que pourra l'envisager l'imminente Alliance de Paix. Aucun pays ne peut se permettre de négliger l'une quelconque de ces langues ; mais j'indiquerais volontiers comme étant de première importance pour les

Anglais, l'hindoustani ; pour les Américains, le russe ou l'espagnol ; pour les Français, les Belges et les Italiens, l'arabe. C'est dans ces directions que le *devoir de comprendre* se fait le plus urgent pour chacun de ces peuples, et que s'offre le champ d'action le plus évident.

La tendance à mésestimer les nations, les races et les cultures en état d'infériorité temporaire est une forme de stupidité particulièrement illogique, universelle et malfaisante. Elle dénature complètement le tableau que nous nous faisons de l'avenir. Le lecteur anglais se rend nettement compte de l'absurdité de cette tendance lorsqu'il lit les divagations de tel ou tel patriote allemand concernant la supériorité du « Teuton » sur les Italiens et les Grecs, auxquels nous devons cependant la plupart des acquisitions importantes de la civilisation européenne. On trouve pourtant encore des absurdités de même genre dans les livres anglais et américains au sujet des « Asiatiques ». Et n'écrivit-on pas aussi de tragiques inepties, non seulement en allemand mais en anglais et en français, sur la « décadence » de la France ? Mais nous sommes en train de revenir de ces erreurs — et rapidement. Du temps où j'étais étudiant à Londres, il y a trente ans, nous regardions le Japon comme une vaste fumisterie ; l'opéra-comique *Le Mikado* a conservé pour l'admiration de la postérité les vestiges de cette phase ridicule de l'opinion. Et, de même, il y a aujourd'hui une tendance tout à fait injustifiable à passer sous silence la véritable valeur de l'Arabe et de sa religion. L'Islamisme est une religion de plein jour, noble et simple dans les grandes lignes de ses conceptions. Parce qu'elle s'est alanguie dans l'atmosphère étouffante de Constantinople il ne s'ensuit pas qu'elle ait perdu de sa vitalité dans la région qui s'étend du Niger à la Chine. Les Français, les Anglais, les Italiens, ont à compter avec l'Islamisme et l'Arabe. Là où sont les déserts immenses, là sont les Arabes et là est l'Islamisme ; leur culture ne sera jamais détruite et remplacée dans ces régions par l'Européanisme. Que les Alliés, s'ils veulent la paix du monde, se réconcilient d'abord avec cet état de choses. Et quand j'esquisse par avance cette liaison nécessaire des cultures française et arabe, je pense non seulement à l'Arabe d'aujourd'hui, mais à l'Arabe de demain. Tout le cours des événements en Asie-Mineure, la débâcle et la décapitation de l'Empire ottoman et l'invasion de la vallée de l'Euphrate, font prévoir une grande renaissance de la Mésopotamie, tout d'abord sous l'égide des Européens. Le vaste réseau d'irrigation qui fut détruit au XIIIᵉ siècle par les armées mongoles de Hulugu sera restauré ; le désert se repeuplera. Mais le type indigène l'emportera. La nouvelle population de la Mésopotamie ne sera ni européenne ni hindoue, elle sera arabe, et, du fait de sa concentration, la presse à imprimer sera mise au service de la langue arabe. Un nouveau mouvement intellectuel en Islam, une Bagdad renaissante, sont choses aussi inévitables que la venue de l'année 1950.

Je me suis cependant quelque peu écarté de l'examen de l'avenir des possessions barbares, dans ces anticipations d'une coopération des Arabes avec les peuples latins, pour la reconstruction de l'Asie occidentale et des régions barbares de l'Afrique du Nord et du Centre. Aussi bien n'est-ce pas seulement en Afrique qu'on trouve ces régions de « barbarie administrée ». Le fait à noter, c'est qu'elles sont administrées, et que leur développement économique est pour une grande part et restera pendant bien des générations, entre les mains de la métropole. Jusqu'à présent leur administration a été conçue selon les seuls intérêts de cette métropole. D'amères rivalités ont préludé à leur acquisition ; de dangereux conflits sont appelés à naître de l'exclusivisme qui préside à leur administration, s'il se prolonge. La logique évidente de la situation nous conseille une politique de concessions mutuelles, selon laquelle, d'un bout à l'autre des possessions de tous les Alliés jurés, les citoyens de ceux-ci auront des prérogatives civiles à peu près équivalentes. Et ceci implique que les Alliés devront raffermir leur direction collective de ces « territoires administrés ». J'ai déjà suggéré la possibilité que la marine anglaise, exclusivement britannique à l'heure actuelle, devienne un jour une marine mondiale, dirigée par une Amirauté qui représenterait un groupe d'alliés : l'Australie, le Canada, l'Angleterre et peut-être la France, la Russie et les États-Unis. Pour ceux qui savent combien l'Amirauté britannique est détachée à l'heure actuelle des méthodes générales de la vie politique anglaise, il n'y a rien d'étrange à se l'imaginer plus détachée encore. Ses fonctionnaires constituent, dans une large mesure, une classe à part. Elle les enlève souvent à la vie sociale avant qu'ils aient atteint quatorze ans. Elle est en communion moins étroite avec les éléments sociaux anglais spécifiques, avec les partis politiques et le système général d'éducation, que ne le sont les autres services publics.

Cette idée d'une sorte d'Amirauté mondiale n'a rien d'irréalisable ; elle n'est même pas absolument neuve : dès le moyen âge, des ordres comme ceux des Templiers s'élevèrent au-dessus du nationalisme. Je ne vois pas comment on pourrait se passer, dans l'avenir, d'une maîtrise synthétique des mers selon ce type. Et, pour en revenir à la « Tâche de l'homme blanc », serait-il impossible qu'un Comité du contrôle international des mers (ou quelque organisme similaire où dominerait l'élément latin) né des problèmes navals et internationaux de l'avenir, dirigeât nos relations avec ces « territoires administrés » des régions barbares ? Un jour viendra peut-être où la Tripolitaine, le Congo français et le Congo belge, la Nigéria, seront tous sous une autorité suprême. Peut-être posons-nous aujourd'hui, sans le savoir, les fondations d'un système de ce genre. Peut-être les conférences instables et temporaires des Alliés, qui leur fournissent à l'heure actuelle des occasions répétées de comprendre les désavantages des coordinations éphémères et discontinues, les orientent-elles, presque à leur insu, vers cette édification de choses plus grandes qu'ils ne le soupçonnent?

Nous arrivons maintenant au troisième type

de possessions transocéaniques, le plus épineux. Ce sont les régions annexées ou conquises, dont la population préétablie avait déjà une culture et une tradition nationale à elle propres. Ce sont, pour appeler les choses par leur nom, les nations opprimées, étouffées. Ce n'est pas que je ne sois point hostile à l'idée de nationalité ; j'ai coutume de penser dans le plan du cosmopolitisme ; je déteste et je méprise une méfiance bilieuse à l'égard des personnes et des mœurs étrangères. Qu'un homme sache me regarder en face, rire avec moi, parler franc et agir loyalement, et je le reconnais pour mon frère, eût-il la peau noire comme de l'encre ou jaune comme un coucou. Mais il faut pourtant que je m'incline devant les faits. Malgré tout mon ample libéralisme, j'ai moins de déplaisir à être gouverné par des gens de même langue, de même race et de même tradition que moi ; et je me rends compte que, pour la majorité des gens, un gouvernement étranger est intolérable.

Le nationalisme, le « localisme » sont choses très opiniâtres. Tout pays tend à revenir à son type naturel. Le sentiment national se manifeste en dépit de tout. Une fois qu'un peuple est sorti de la phase barbare de son histoire, pour s'élever à la conscience nationale, il y demeure attaché. Il y aura toujours — autant qu'on puisse employer ce mot — une Égypte, une Pologne, une Arménie. Il n'y a pas de nation hindoue, il n'y en a jamais eu, mais il y a très évidemment un Bengale, un Radjpoutana ; il y a très évidemment toute une constellation de nations civilisées dans l'Inde. Plusieurs d'entre elles ont une littérature et des traditions qui remontent à une époque bien antérieure à celle où les Anglais se peinturluraient le corps au guède. Étudions cette question principalement par rapport à l'Inde. Ce que nous dirons s'appliquera également à la Birmanie, à l'Égypte, à l'Arménie, ou — pour revenir en Europe — à la Pologne.

J'ai parlé de l'avenir de l'Inde avec quelques centaines de gens et jusqu'ici aucun de mes interlocuteurs, qu'il soit hindou ou anglais, ne s'est prononcé pour l'évacuation immédiate de l'Inde par les Anglais. Mais tous étaient unanimes à penser que les Anglais en viendraient, en fin de compte, à laisser les nations hindoues décider de leur propre avenir. Il n'y a pas, en réalité, deux opinions opposées sur les destinées de l'Inde, mais seulement des divergences d'opinion quant au temps qui s'écoulera avant que ces destinées s'accomplissent. Bon nombre d'Hindous sont d'avis (et moi avec eux) que l'Inde pourrait, avant cinquante ans, former une confédération d'États autonomes, unis à l'empire britannique et à ses Alliés par un accord intime. L'autre point de vue me fut exprimé par un vieil administrateur des Indes, fort désabusé. « Peut-être, me dit-il, que dans quatre ou cinq cents ans ils commenceront à être capables de se gouverner eux-mêmes ! » Telles sont les deux attitudes extrêmes — Libérale et Tory — qui soient à prendre dans la question. Il ne s'agit que de savoir si l'on compte par années ou par siècles. Personne ne nie qu'un affranchissement ultime soit inéluctable. Aucun de ceux qui ont quelque expérience en ces matières ne croit que l'administration anglaise dans l'Inde soit une institution éternelle.

L'hypocrisie de l'opinion se donne libre cours en Grande-Bretagne à ce sujet. Les Anglais de la « bonne société », munis de parents dans le *Civil Service* de l'Inde et coutumiers d'insincérité envers eux-mêmes, croient que les Hindous sont « reconnaissants » aux Anglais de leur gouvernement. L'espèce de vanité soi-disant « patriotique » qui fut si florissante au temps de la reine Victoria, et qui est si étroitement apparentée aux divagations allemandes contemporaines, berça et entretint cette douce illusion. Il y a en Allemagne, sans aucun doute, à l'heure actuelle, de vieilles dames qui sont persuadées que la Belgique s'avouera sous peu « reconnaissante » aux Allemands de leur administration actuelle. Déblayons nos esprits de ces sophismes. En fait, il n'y a pas d'Hindous pour aimer vraiment la domination anglaise ou l'envisager comme autre chose qu'un mal nécessaire mais temporaire. Que le lecteur français ou anglais me permette de lui soumettre un cas similaire. Nous supposerons que, par suite de bévues politiques variées, notre pays est tombé sous la coupe des Chinois. Nous supposerons encore que ceux-ci l'administrent avec une efficacité et une honnêteté jamais atteintes au très mauvais vieux temps de nos politiciens-légistes. Ils ne nous admettent pas aux fonctions administratives supérieures ; ils vont et viennent dans notre pays, parlant une langue étrangère, portant un costume étranger, professant une religion étrangère qui implique que la nôtre est fausse. Ils dirigent notre système financier et notre développement économique, suivant un programme de la plus haute excellence... au point de vue chinois. Ils prennent, en notre lieu et place, le plus grand soin de nos cathédrales gothiques. Ils mettent nos plus chers trésors

nationaux dans des musées et les admirent
fort. Ils apprennent à nos jeunes gens à lancer
des cerfs-volants et à manger de la soupe aux
nids d'hirondelles. Ils font tout ce que peut
faire un peuple courtois pour dissimuler la conviction invétérée qu'il a de sa supériorité
raciale. Mais ils n'en maintiennent pas moins
leur « prestige »…. N'allez pas me dire que
nous les aimerions. Il ne s'agit pas de savoir
s'ils gouverneraient bien ou mal; il s'agit que
la situation serait contraire à certains instincts
fondamentaux de la nature humaine. Nous ne
pourrions avoir avec eux de rapports sans
arrière-pensée que du jour où ils nous convie-
raient à discuter les conditions de la rénovation de notre pays. A ce prix, nous aurions
presque de l'amitié pour eux. Le cas est le
même pour toutes les « possessions » civilisées.
Le seul terrain sur lequel les Anglais et les
Hindous des classes instruites peuvent se ren-
contrer à l'heure actuelle avec quelque sérénité d'esprit est celui-là même. Tout le reste
est imposture d'un côté et lâcheté morale de
l'autre.

Il est absurde, d'autre part, de parler de
l'occupation de l'Inde par les Anglais comme
d'une conquête ou d'un brigandage. C'est une
mode, dans une grande partie de la littérature

« avancée » d'Europe, que d'affirmer gratuitement que la domination européenne, dans les
divers pays asiatiques, est le résultat d'une
conquête longuement préparée en vue d'une
spoliation. Mais ce n'est là que le vilain côté
des faits. Les cas d'invasion longuement préparée et de spoliation d'un pays par un autre
ont été très rares dans l'histoire des trois derniers siècles. Il y a toujours eu une excuse, et
cette excuse a toujours contenu une certaine
proportion de vérité. Chaque pays a, dans son
histoire, certaines périodes d'incapacité politique pendant lesquelles il se trouve si mal gouverné qu'il devient non seulement un fléau pour
l'étranger qui s'y fourvoie, mais un danger
pour ses voisins. Le Mexique traverse une de
ces périodes aujourd'hui. Et la plupart des
attaques et des annexions de l'époque moderne
ont eu pour causes les craintes fort justifiées
et les désagréments nés de ces périodes d'incapacité. Je suis un avocat impénitent de la
rénovation de la Pologne. Mais en même temps
j'ai très nettement conscience qu'il y a un tra-
vestissement des faits à dire que la Pologne
fut un agneau sans tache entre les griffes de
ses trois méchants voisins. La Pologne était,
au XVIIIe siècle, un dangereux chaos, incertain dans ses affinités, sa monarchie, sa poli-

tique. Elle était pour ses voisins une tentation mais aussi une menace, car rien ne garantissait qu'elle ne tomberait pas sous la tutelle de l'un d'entre eux et qu'elle ne deviendrait pas une arme contre les autres.

Le partage de la Pologne fut un attentat contre le peuple polonais ; mais il fut dicté dans une large mesure par un honnête désir de régler une situation dangereuse. Ce partage parut un moindre mal que la possibilité d'une Pologne instable, indépendante, occupée sans cesse à se servir de tel de ses voisins pour nuire à tel autre. Cette possibilité sera présente encore à l'esprit des diplomates qui décideront du réglement de comptes après la guerre. Tant que les Polonais n'auront pas pris position, tant qu'ils n'auront pas, ou bien convaincu les Russes qu'ils sont à tout jamais du côté de la Russie et de la Bohême contre l'Allemagne, ou bien convaincu les Allemands qu'ils sont désireux d'être « posnanisés », ils vivront entre deux ennemis méfiants.

Il faut que les Polonais songent davantage à l'avenir et moins aux griefs de la Pologne. Il leur faut moins d'intrigues patriotiques et davantage de dignité raciale. Ils ne sont pas seulement des Polonais ; ils sont les membres d'une communauté plus vaste. J'ai dans l'idée que la Pologne se fera slave, malgré le souvenir de Cracovie. Mais je n'en suis pas sûr. Je suis hanté par la crainte que la Pologne voie son avenir entravé par des Polonais qui seront, comme on dit, « des malins », trop malins pour n'être pas dangereux. Une Pologne aux décisions imprévisibles ne saurait être tolérée par le reste de l'Europe, et ne le sera pas.

Et de même, l'envahissement de l'Inde par les Anglais fut, très évidemment, accompli sous la poussée des faits : d'abord de crainte que les Hollandais ou les Français n'exploitassent les immenses ressources de la péninsule contre l'Angleterre ; ensuite, de peur d'une exploitation russe. Ce n'est pas que je me pose en défenseur de l'administration anglaise dans l'Inde ; je suis d'avis que nous avons négligé là-bas de belles occasions ; il nous incombait, dès le début, d'édifier une confédération hindoue libre et amie, et nous n'avons pas fait le dixième de ce que nous aurions pu faire dans ce but. Mais, d'ailleurs, nous n'avons pas fait non plus un iota de ce que nous aurions pu faire pour notre propre pays.

Néanmoins nous avons des arguments à faire valoir pour nous justifier, non seulement d'être allés là-bas, mais — à l'heure où les journaux allemands affichent encore des pré-

tentions sur « Bagdad et au delà »[1] — de nous
y cramponner farouchement. Et, de même, les
Anglais ont une excuse assez plausible pour
avoir fait main basse sur l'Égypte, de crainte
que la phase d'incapacité qu'elle traversait ne
devînt un moyen de stranguler l'empire britannique, comme les Turcs établis à Constantinople ont servi à stranguler la Russie. Je
reconnais qu'aucun de ces arguments n'est
tout à fait décisif, mais tous méritent d'être
pris en considération. Rien ne sert d'ergoter
sur le bien-fondé des choses accomplies; la
tâche de tous les hommes sensés est plutôt
d'améliorer ces choses. La tâche de tous les
hommes sensés, dans les pays alliés et en Amérique, c'est évidemment d'abdiquer les méfiances mesquines et la concurrence meurtrière,
et d'organiser leur coopération avec toutes les
forces intellectuelles qu'ils pourront découvrir
ou développer dans les pays asservis, afin de
convertir ces systèmes coloniaux à base de
nationalisme en des organisations indépendantes et munies de droits politiques au sein
d'une alliance de paix mondiale. Si nous
échouons dans cette tâche, alors tous les États
inaptes et tous les États asservis répandus de

1. Ceci fut écrit à la fin de février 1916.

par le monde ne formeront plus qu'un vaste champ où l'ennemi pourra semer son ivraie.

Nous en arrivons donc, en ce qui concerne les régions civilisées aussi bien que les régions barbares de ces « possessions » coloniales des pays européens, à une conclusion identique. A savoir que, somme toute, le plus sûr programme d'action est celui qui tendra à les fondre en un seul bloc et à promulguer à leur égard une politique collective d'adaptation graduelle en vue de l'égalité. Dans la mesure où les « empires » d'aujourd'hui sont des régions de population étrangère, ils devront être organisés — non sans difficultés et sans complications — sur le modèle des États-Unis, où la marche suivie est, d'abord, l'annexion de « territoires », et ensuite l'élévation de ces territoires au rang d' « États ». La voie est par comparaison simple et nette qui conduira les dominions peuplés à l'origine par des émigrants : Sibérie, Canada, etc., à obtenir pour leurs citoyens l'égalité civile avec les citoyens de la Métropole.

Ainsi, l'examen de l'avenir des « empires » transocéaniques nous ramène au même point vers lequel nous avait déjà orientés l'examen de tous les grands problèmes issus de cette guerre. Il nous rend évidente l'impérieuse nécessité de quelque Conseil ou conférence suprême, de quelque organisme tout-puissant — peu importe son nom — qui traitera de toutes choses avec plus d'ampleur que ne sauraient le faire tel « nationalisme » ou tel « impérialisme patriotique ». Il faut que cet organisme s'établisse au sein des affaires humaines. C'est au courage et à l'imagination des hommes d'État contemporains qu'il faudra demander si sa réalisation concrète sera immédiate et simple ou si elle ne sortira que lentement — après des siècles peut-être de tâtonnements et de guerres sanglantes — des anticipations immatérielles qui hantent à l'heure actuelle tous les esprits soucieux d'organisation politique.

XI

L'AVENIR DES ALLEMANDS

EN un sens, toutes les contrées européennes
auront à subir des transformations révo-
lutionnaires, conséquences de l'épuisement économique et des dislocations sociales immenses
de cette guerre. Mais ce que j'ai l'intention
d'examiner ici, c'est la possibilité d'une véritable révolution politique — au sens étroit du
mot — en Allemagne ; d'une révolution qui
supprimera radicalemant le système Hohenzollern, le système dynastique allemand, qui
démocratisera la Prusse et mettra fin à tout
jamais à ces préparations clandestines d'attaques à main armée, qui constituent le grief
essentiel de l'Europe contre l'Allemagne. C'est
la perspective capitale de notre époque, car
elle nous permet d'envisager comme possible
— au lieu de la surveillance armée, de la
guerre systématique de tarifs douaniers, de

prohibitions et d'exclusions contre les empires centraux, qui devront nécessairement constituer l'attitude future des Alliés jurés, si l'empire Hohenzollern survit — un état de choses tout différent.

Il faut nous souvenir que nous avons affaire, dans l'examen de ce problème, à quelque chose de tout neuf, qui n'a, jusqu'ici, été soumis à d'autre épreuve que celle du succès : nous avons affaire à cette nouvelle Allemagne qui commença son unification par la spoliation du Danemark et l'acheva à Versailles. Elle n'a pas encore vécu le temps d'une vie humaine. Ayant atteint, sous l'égide du socialisme d'État et du militarisme agressif du régime Hohenzollern, un degré d'orgueil et de prospérité sans exemple, elle se jeta dans cette guerre avec des chants et des clameurs, sûre à l'avance de ses victoires. On la nourrit encore, à dose progressivement diminuée, d'espérances de victoire (espérances désormais comptées, mais espérances tout de même) par une sorte d'adaptation du système de bons de pain à la politique. Les espérances durent plus longtemps que le pain beurré, mais elles vont sans cesse diminuant. Que fera ce peuple de parvenus quand il les verra cesser tout à fait, quand il ne pourra plus douter de la faillite et de la

stérilité de son effort — effort tel qu'aucun
peuple au monde n'en avait fait auparavant ?
Quelle attitude auront ces gens quand ils com-
prendront clairement qu'ils ont souffert, qu'ils
ont eu faim, qu'ils sont morts, qu'ils ont ruiné
tout leur territoire, pour rien ? Quand ils apprendront aussi que la soi-disant cause de la guerre
était un leurre et l'invasion russe un men-
songe ? Ils ont une copieuse presse démocratique qui n'hésitera pas à leur dire tout cela,
qui d'ores et déjà fait tout ce qu'elle peut pour
leur ouvrir les yeux. Il est vrai qu'ils sont un
peuple minutieusement dressé, éduqué et dis-
cipliné[1]. Mais le souci même que manifeste en
toute occasion le gouvernement allemand, de
maintenir dans la direction voulue la rancune
de la nation, est précisément, à mon avis, l'un
des symptômes des possibilités révolution-
naires de l'Allemagne. Les gouvernements
alliés laissent l'opinion se débrouiller toute
seule, et dans leurs propres pays et en Amé-

1. Une récente circulaire que cite le *Vorwaerts*, envoyée par
les représentants officiels de l'enseignement aux professeurs de
Francfort-sur-le-Main, signale la nécessité de la « noble tâche »
d'inculquer à la jeunesse un profond amour pour la Maison des
Hohenzollern (Kronprinz, rictus et le reste) et conclut : « Vous
combattrez vigoureusement toutes les tentatives faites pour excu-
ser, amoindrir ou expliquer les actes honteux que nos ennemis
ont commis contre les Allemands dans le monde entier, si vous
voyez à tel ou tel signe que ces tentatives s'infiltrent dans les
écoles. »

rique ; ils ne prennent même pas la peine de pallier les inévitables mécontentements que provoque la censure militaire, par un contrôle intelligent et qui aurait du doigté. Le gouvernement allemand, d'autre part, a, dès le début de la guerre, organisé le rejet du blâme sur d'autres épaules que les siennes, avec grand soin et grande adresse. Il faut bien croire que c'est lui qui connaît le mieux son peuple, et je ne vois pas pourquoi il agirait ainsi s'il n'y avait, dans le tempérament national, des germes très menaçants pour son avenir à lui.

C'est un des lieux communs du sujet que nous traitons, que de dire que les Allemands ont toujours été, dans le passé, de loyaux sujets, et n'ont jamais fait de révolution. On déclare qu'il n'y a jamais eu de république allemande. Ce n'est pas vrai le moins du monde. Le berceau de la liberté suisse fut le groupe de cantons de langue allemande qui entourent le lac de Lucerne. Guillaume Tell était Allemand et fut glorifié par l'Allemand Schiller. La réforme protestante, il est vrai, fut en grande partie l'affaire des ducs et des princes, mais là encore la révolte eut son principe profond dans le caractère national allemand. L'insurrection des Anabaptistes ne fut pas peu de chose en fait de rébellion ; et l'histoire des

Hollandais, qui ne sont, après tout, que l'expression extrême du type bas-allemand, est l'histoire de la lutte la plus obstinée qui se soit menée en Europe pour la liberté. Cette légende de la docilité des Allemands ne tient pas devant un examen attentif. Il est vrai qu'ils ne sont pas sujets aux explosions spasmodiques, et qu'ils ne se prêtent pas volontiers aux intrigues et aux pronunciamientos; mais il y a toutes raisons de croire qu'ils ont les cerveaux et les volontés nécessaires pour organiser et mener à bien une révolution aussi sérieuse, aussi méthodique, aussi efficace qu'aucun autre peuple d'Europe. Avant que la guerre les ait rendus fous furieux, les journaux comiques allemands ne donnaient pas le moins du monde l'impression d'une abjecte adoration de l'autorité et de la royauté en elles-mêmes. L'enseignement scolaire, de quelque forme de moralité et de sentimentalité que ce soit, ne provoque pas seulement des conversions, mais des réactions; et plus l'élève a de vivacité et de vigueur d'esprit, plus il y a de chances pour qu'il s'insurge plutôt que d'accepter.

Quels que soient les sentiments des vieilles femmes allemandes à l'égard du kaiser et de sa famille, l'impression que j'ai de l'opinion des Allemands en général est que, s'ils croyaient si fermement à l'empire, au kaiser et au militarisme, c'est purement et simplement parce qu'ils pensaient que le militarisme, le kaiser et l'empire leur assureraient la sécurité, le succès, le triomphe, toujours plus d'argent, toujours plus d'Allemagne, et tout ce qui leur était tombé du ciel depuis 1871 porté à la $n^{\text{ième}}$ puissance.... Je ne crois pas que les maîtres d'écoles d'Allemagne, quand ils s'époumoneraient tous à l'unisson, puissent prolonger cette croyance au delà de la fin de cette guerre.

Pour le moment, toutes les souffrances et tous les déboires du peuple allemand sont diligemment transformés en fureur contre les Alliés, et particulièrement contre les Anglais. C'est très bien tant que la guerre dure dans des conditions qui peuvent passer pour favorables. Mais que se passera-t-il bientôt, quand le fléau de la balance penchera si fort en faveur des Alliés, qu'une paix sans avantage sera devenue urgente et inévitable pour l'Allemagne ? Comment le Hohenzollern pourra-t-il abandonner tout à coup son attitude de noble indignation et se réconcilier avec l'ennemi maudit ? Comment pourra-t-il même traiter avec nous tant qu'il continuera de nous proclamer maudits ! De deux choses l'une ; ou bien il faudra que l'empereur s'adresse à son peuple et lui dise : « Nous vous avions promis la victoire et nous sommes vaincus », ou bien il faudra qu'il dise : « Nous ne sommes pas vaincus, mais nous allons faire la paix avec ces barbares russes qui nous ont envahis, avec ces Anglais incapables qui nous ont trahis, avec toutes ces races dégénérées et inférieures pour lesquelles vous éprouvez la haine et le mépris du juste : et cela dans de telles conditions que nous ne pourrons plus jamais les attaquer. Cette noble et merveilleuse guerre a son couronnement dans cette inanité... et dans ces tombes ! On vous a dupés pour vous y engager, comme on vous a dupés en 1870 ; mais cette fois les choses n'ont pas si bien tourné. Et d'ailleurs, tout bien pesé, nous voyons que nous pouvons arriver à nous entendre avec ces gens-là.... »

Dans l'un comme dans l'autre cas, je ne vois pas comment il pourra continuer à détourner de lui l'habitude de haine entretenue chez les Allemands. Tant que la guerre dure cela lui sera possible ; mais quand les soldats rentreront au pays, la haine y rentrera aussi. En temps de guerre, les nations peuvent porter leur haine vers l'extérieur avec une certaine unanimité. Mais après la guerre, lorsqu'il n'y aura ni guerre présente, ni perspective de guerre nouvelle pour l'avenir, lorsque tous les exploiteurs et tous les tyrans industriels qui auront rempli tout doucettement leurs poches pendant que la nation, tournée vers l'Angleterre, fronçait le sourcil et lui crachait au visage, ne pourront plus s'abriter derrière l'émoi général — alors il est inévitable qu'une bonne partie de cette noble haine de l'Angleterre soit reconnue pour l'hypocrisie qu'elle est. La haine cultivée de la phase de guerre, renforcée par une haine nouvelle née du désordre intérieur et de la misère, se balancera dans le vide pour ainsi dire, cherchant çà et là où frapper. Les taquineries mesquines et continuelles des choses coutumières prendront plus d'importance, l'idée nationale moins. Il faudra que les Hohenzollern et les Junkers soient bien agiles pour éviter que la dextérité de haine acquise par les Allemands ne se retourne contre eux.

C'est une hypothèse courante chez ceux qui se livrent à des conjectures sur les effets possibles de ce réveil, que l'Allemagne se morcellera peut-être en ses parties constituantes. On fait remarquer que l'Allemagne est, pour ainsi dire, un palimpseste, que le large motif héraldique du grand aigle noir et de la couronne impériale n'a été peint que récemment par-dessus un grand nombre de « particularismes »,

et que ces particularismes reverront peut-être
le jour ; que l'empire des Allemands se morcellera peut-être à nouveau. Je ne le crois pas.
Les forces qui ont unifié l'Allemagne plongent
leurs racines plus loin que l'épisode des Hohenzollern ; la parole et la lettre imprimée ont
maintenant uni l'Allemagne à jamais en un seul
peuple. Il n'en est pas moins vrai que ces couronnes et ces symboles antérieurs, qui se voient
encore sous le récent badigeon, aideront peut-
être beaucoup — à mesure que celui-ci pâlira
sous les orages à venir — à détromper les
gens qui le croyaient nécessaire, en leur rap-
pelant qu'il y eut une Allemagne avant la
Prusse, on peut même dire avant l'Autriche.
L'Empire n'a guère été autre chose que le
premier essai d'unité de l'Allemagne. C'est
donc une nouveauté qui peut s'en aller comme
elle est venue, sans que l'Allemagne en perde
son intégrité nationale ni sa conscience d'un
Vaterland commun.

Examinons un peu plus en détail la nature
de ce vaste ensemble humain dont nous essayons
de prévoir l'action collective dans l'avenir
immédiat. Ses couches sociales ne correspon-
dent que très inexactement à celles des pays
alliés. Viennent d'abord les masses populaires.
En Angleterre, dans un but d'édification, nous

laissons subsister la légende de l'extrême
« efficacité » de l'Allemagne, du niveau très
élevé de l'éducation allemande, etc. Mais la
vérité est qu'en Angleterre le peuple reçoit une
éducation *élémentaire* supérieure, dans la
moyenne, à celle du peuple allemand, qu'il
possède une compétence domestique plus
grande, une moralité meilleure, qu'il est d'un
grain plus fin. C'est ce que révèlent un certain
nombre de faits tout à fait concluants, parmi
lesquels je me contenterai de citer la morta-
lité générale plus forte en Allemagne, la mor-
talité infantile plus forte aussi, le pourcen-
tage tout à fait anormal des crimes de violence
en Allemagne et l'indiscutable supériorité
personnelle du simple soldat anglais sur son
antagoniste allemand. Ce n'est que lorsque
nous nous élevons au-dessus de la masse que
la situation est intervertie. Le rapport du budget de l'éducation secondaire et supérieure au
budget de l'éducation élémentaire en Allemagne, ne peut même pas être comparé avec
le rapport correspondant en Angleterre.

Aussitôt que nous en arrivons aux classes
des négociants, des patrons, des fonctionnaires, des techniciens et des spécialistes, nous
avons affaire à des classes beaucoup mieux
formées, d'esprit plus ouvert, plus capables

d'action collective et plus accessibles aux idées générales que les classes anglaises correspondantes, qui sont moins nombreuses et moins importantes. Cette vaste classe moyenne allemande est la force et la substance même de la nouvelle Allemagne; elle s'est accrue par rapport aux classes qui sont au-dessus et au-dessous d'elle; c'est au cours des cinquante dernières années qu'elle a affirmé presque toutes ses caractéristiques. A son niveau inférieur, elle comprend les artisans qualifiés, qui ont reçu une discipline scientifique; c'est elle qui fournit les éléments pensants du parti social-démocrate, et elle atteint, à son niveau supérieur, le monde de la finance et des entreprises quasi-nationales. Et elle constitue l'inconnue de toutes ces conjectures.

Jusqu'ici cette classe moyenne s'est développée presque à son insu. Le simple fait de naître et de croître a tellement absorbé son attention, elle a eu tant à faire depuis 1871, qu'elle n'a pour ainsi dire pas eu un seul moment pour méditer sur les grands problèmes de la politique. Elle n'a pas plus songé à discuter le nouvel empire qu'un enfant ne discute son « chez lui »; et, à l'heure actuelle, son état d'esprit doit être assez semblable à celui d'un jeune homme intelligent qui découvre soudain

que les ingénieuses et merveilleuses spéculations de son père l'ont conduit à la saisie de
biens et ont amené les huissiers au logis, et
que la seule chose qui reste à faire est de se
mettre à l'œuvre et de prendre en main les
affaires de la famille.

Dans cette Allemagne qui est le plus suranné
et le plus moderne des États européens, la
vieille Allemagne dynastique des princes et
des Junkers s'est prolongée, grâce à des succès
et à un prestige exceptionnels, jusque dans
l'âge de l'acier et de l'électricité. Mais son prestige a pâli devant le machinisme de Krupp;
ses succès s'effacent des mémoires. Une nation
nouvelle s'éveille à la conscience de soi, et
c'est pour se voir entraînée traîtreusement dans
une hostilité, qui semble irréconciliable, contre
le reste de l'humanité....

Quelle sera la qualité du monarque, de la
cour et des Junkers qui devront faire face à
cette nouvelle Allemagne qui s'éveille?

Le monarque, ce sera, avant longtemps, le
kronprinz actuel. Les Hohenzollern ont tout
au moins le mérite de vivre vite, et l'empereur actuel approche de sa fin. Il battra le
record de sa famille s'il vit encore douze ans.
Donc, très tôt après la guerre, cette nouvelle
Allemagne, aux yeux dessillés, contemplera

les charmes impériaux du kronprinz d'aujour-
d'hui. Sous tous les rapports, c'est un personnage peu attrayant, peu inspirant ; il s'est
identifié complètement avec ce militarisme qui
a causé la catastrophe européenne ; en le répu-
diant, l'Allemagne répudiera son péché capital contre la civilisation, et il semble bien que
sa personnalité soit une de celles qu'on a plaisir à répudier. Ce sera donc lui ou quelque
régent apparenté qui sera le symbole de la
royauté en Allemagne pendant toutes ces
années de souffrances et de tension extrêmes
qui s'annoncent. Dans la plus grande partie de
l'Allemagne la tradition de fidélité à sa Maison n'est pas vieille d'un siècle. Et le véritable
loyalisme allemand est racial et national
beaucoup plus que dynastique. Ce n'est pas
« le Hohenzollern au-dessus de tout », mais
Deutschland über alles qu'ils chantent (et
aussi, comme tous les peuples imparfaitement
civilisés, des chants de haine contre les étrangers). Mais il a fallu un jeune Américain déca-
dent pour chanter :

> O Prince de la Paix,
> Dieu de la Guerre,

à l'adresse du sinistre rhétoricien de Potsdam.
Les véritables empereurs réconcilient et ci-

mentent les peuples entre eux, car un empire
n'est pas une nation ; mais les Hohenzollern
n'ont jamais osé être qu'assidûment nationaux,
echt Deutsch, et partisans de l'alphabet gothique. Ils savent à quel peuple ils ont affaire.

Cette nouvelle et substantielle classe moyenne
de l'Allemagne n'a jamais été en très bons
termes avec l'Allemagne de la cour et du propriétaire foncier. Elle a hérité d'une tradition
de bourgeoisisme et s'est toujours irritée des
fanfaronnades de l'officier aristocrate, même
alors qu'elle les tolérait. Et elle les tolérait
parce qu'elle croyait ce genre de chose nécessaire au succès national. Mais Munich, les
journaux comiques, Herr Harden, le *Vorwaerts*, expriment, je le crois, beaucoup plus
fidèlement que toutes les déclarations officielles, l'opinion de la masse centrale du
peuple allemand. Ils parlent d'une voix quelque
peu vulgaire, pleine de bon sens, assez bour-
rue, avec une espèce d'humour massif. On peut
ne pas aimer cette voix allemande, mais on
est tenu de la respecter. Elle n'a, du moins,
rien d'ampoulé. *Elle est profondément honnête.* Quand l'aigle impérial s'en reviendra
au nid à moitié plumé, comme un corbeau qui
s'est battu avec un ours ; quand les officiers
aristocrates survivants reparaîtront dans les

« biergärten », leur fanfaronnade considérablement calmée, je crois que les classes moyennes et la classe des artisans qualifiés, jusque-là consentantes, décevront complètement les espérances de tous ces gens qui attendent d'elles une attitude servile ou un loyalisme sentimental. La grande poussée révolutionnaire des Français fut généreuse et passionnée. La poussée révolutionnaire des Allemands sera peut-être plus implacable encore : elle sera peut-être méprisante. Peut-être ne prendront-ils même pas la peine de renverser leur empereur et leurs nobles, et se contenteront-ils de les jeter de côté....

Pour toutes ces questions, il faut que le lecteur élargisse son champ de vision dans le passé, pour y incorporer les trois derniers siècles au moins. Le brillant essaim de monarchies germaniques qui s'est répandu sur une si grande surface de l'Europe n'a guère plus de deux siècles d'existence. C'est une des phases du long processus de démembrement de l'Empire romain et du système catholique qui hérita de ses traditions. Ces personnages royaux ont formé une classe à part, ne se mariant qu'entre eux et s'efforçant de maintenir une sorte d'internationalisme de caste en face d'un progrès de l'intelligence humaine, d'une diffusion de la lettre imprimée, de la lecture et de l'écriture, qui favorisent inévitablement la recrudescence du sentiment national et racial, et la participation sans cesse croissante de la nation au gouvernement.

En Russie, de même qu'en Angleterre, ces dynasties d'origine germanique résolvent les problèmes de l'âge nouveau en devenant nationales. Elles se modifient d'année en année. Le temps n'est peut-être pas très éloigné où l'Angleterre aura de nouveau une reine de race anglaise. L'époque où l'on pouvait discuter les affaires de l'Europe, à Windsor, en langue allemande et d'un point de vue allemand, prit fin à la mort de la reine Victoria; et ce n'est que dans des cours improvisées comme celles de Grèce et de Bulgarie que l'avenir national peut encore être envisagé d'un point de vue étranger et discuté dans une langue étrangère. Le temps est à jamais passé où le système monarchique avait transformé les cours des trois quarts de l'Europe en un Vaterland allemand. Et avec lui s'évanouit, pour la classe moyenne allemande, le dernier avantage qu'elle pouvait logiquement espérer de la monarchie et du royalisme sentimental.

Et de ces considérations me semblent découler les conclusions suivantes sur l'avenir de l'Allemagne. Il n'est guère probable qu'il y ait une révolution du genre de celle qui renversa l'impérialisme français en 1871 ; le jeune impérialisme prussien est plus proche de la tradition nationale et beaucoup plus fermement établi de par la propagande d'éducation des cinquante dernières années. Mais il se peut cependant que les forces libérales de l'Allemagne soient assez puissantes pour imposer la paix à l'empire Hohenzollern aussitôt que se sera évanoui tout espoir de succès avec annexion, et avant qu'on ait atteint le degré extrême d'épuisement : au commencement de l'année 1917, ou au plus tard en 1918. Cette paix, nous le supposons, sera pour l'Allemagne une paix restrictive, qui l'humiliera et entravera son développement. La presse allemande ne laissera pas de parler de revanche et de suggérer la reprise de la lutte ; et ceci ne fera qu'affermir les Alliés jurés dans leur résolution de contenir l'Allemagne sur tous les fronts et de retarder sa récupération économique et financière. La dynastie perdra graduellement son prestige, la véritable histoire de la guerre s'infiltrera peu à peu dans la conscience allemande, et l'idée deviendra de plus en plus populaire d'une république bourgeoise qui, comme la république française des quarante-cinq dernières années, ne sera militante que défensivement, et essentiellement pacifique et industrielle.

Cette idée sera soutenue par des journalistes vigoureux, des journalistes du type Harden par exemple. La dynastie tend à produire des dégénérés, si bien que la perspective, soit de quelque gros scandale, soit d'un mouvement réactionnaire malavisé qui ramènerait à l'absolutisme, pourra déclencher une crise dans l'espace de quelques années après le traité de paix. Les classes de négociants et de spécialistes prêteront main-forte au groupe social-démocrate pour dissiper les derniers vestiges de ce cauchemar qu'est le système Hohenzollern, et l'Allemagne deviendra une réplique, plus moderne et plus vaste, de la Troisième République française. Cet écroulement du système monarchique allemand se propagera peut-être très loin par delà des frontières de l'Empire allemand. Cela se fera sans doute sans grande violence ; ce sera le résultat naturel de la convergence et de la maturité de maints courants de pensée très évidents. Bon nombre des monarques intéressés resteront peut-être en possession de leur titre, de leurs palais et de leurs propriétés personnelles, privés seulement des derniers vestiges de leur autorité légale. Ainsi se préparera la reprise graduelle des relations cordiales entre le peuple allemand et les Européens occidentaux. Cette reprise sera grandement facilitée par la baisse inévitable de la natalité en Allemagne (baisse qu'auront favorisée la disette et l'économie du temps de guerre) et par le discrédit où tombera du même coup l'idée expansionniste. Aux environs de 1960, les perspectives auront tellement changé que les historiens seront quelque peu embarrassés pour expliquer les causes de la Grande Guerre. La monomanie militariste de l'Allemagne sera devenue incompréhensible, sa littérature de *Welt-Politik* invraisemblable et impossible à lire....

Telle est mon interprétation de l'horoscope de l'Allemagne.

Je doute qu'il soit autant parlé de la Grande Guerre dans la seconde moitié du XXe siècle, qu'il fut parlé de Napoléon à la fin du XIXe. La Grande Guerre a pour caractère essentiel de n'être pas dramatique; elle n'a pas de figures de premier plan, de Grand Héros ou de Grands Capitaines. Elle est l'effort de l'humanité, dicté par le bon sens, pour détruire certaines idées et certaines ambitions de mauvais goût, et remettre au point mainte injustice et mainte superfluité de l'organisation économique et sociale. Elle est l'éveil de l'esprit humain

devant la vision de cauchemar d'un Prince de
la Guerre : Le cauchemar s'effacera des
mémoires, et l'esprit humain se tournera vers
les réalités de la vie avec des énergies revivi-
fiées, s'appliquera à l'établissement de l'ordre,
s'offorcera de savoir et de créer toujours davantage. Et les grandes qualités des Allemands
les désignent pour un rôle important et dis-
tingué dans la mise en œuvre de ces réalités.

L'affaire essentielle des Alliés, ce n'est pas
de se réconcilier avec l'Allemagne ; c'est d'organiser de par le monde une grande Ligue de
Paix, avec laquelle les États américains et la
Chine pourront, ou bien s'unir, ou bien former
une entente permanente. Les tentatives faites
isolément pour renouer des liens d'amitié
avec les Allemands ne feront que menacer
l'union de la Ligue de Paix et peut-être res-
susciter les intrigues et les maux du système
dynastique allemand que cette guerre peut détruire. La véritable réhabilitation de l'Allemagne doit être l'œuvre de citoyens allemands
parlant aux Allemands le langage du bon sens
et engageant leur pays à tendre la main, non
pas à tel ou tel voisin méfiant, mais à l'humanité. Une Allemagne militariste est une Allemagne condamnée par elle-même, soit à l'isolement, soit à la domination mondiale. D'autre

part, une Allemagne revenue à des procédés pacifiques ne saurait être bannie du système de la civilisation. Devant cette Allemagne-là, il est impossible que la muraille douanière ne s'abaisse pas, que les précautions restrictives ne prennent pas fin. Tant que l'Allemagne restera isolée, l'Europe sera un organisme dont le cœur ne fonctionnera qu'à moitié. La population allemande est et restera le plus considérable des groupes humains de l'Europe centrale. C'est là un fait aussi inévitable que l'Indianisme de l'Inde.

Reconstruire la civilisation moderne sans l'Allemagne sera une tâche colossale et artificielle, qui demandera des siècles. Il est inconcevable que l'Allemagne se tienne à l'écart de l'Européanisme assez longtemps pour laisser les routes commerciales du monde se détourner complètement d'elle. Ses propres besoins marchent de pair avec les besoins essentiels du monde.

Je ne donne donc pas plus de quarante ans à l'alliance pour l'isolement de' l'Allemagne avant qu'elle devienne inutile, par suite du repentir des Allemands et de leur renoncement à la politique d'agression.

Mais c'est une chose au-devant de laquelle il faut se défendre de courir trop vite. On recu-

lerait facilement cette grande réconciliation
internationale de l'humanité par des effusions
factices. Il n'y aura aucun avantage à forcer
les sentiments des combattants d'hier. Il est
absurde de s'imaginer que, pendant les dix ou
quinze années à venir, quoi qu'il arrive, les
Français pourront songer de gaîté de cœur à
l'occupation de leurs provinces du Nord-Est,
les Belges sourire au souvenir de Dinant ou de
Louvain, les Polonais ou les Serbes pardonner
la dévastation de leur pays, les Anglais et les
Russes s'égayer des traitements qu'auront
subis leurs prisonniers en Allemagne. Tant
que ces souvenirs-là seront vivaces, ils dresseront une barrière d'aversion autour de l'Allemagne. Et il n'est guère probable non plus que
l'Allemand ordinaire contemple la carte de
l'Afrique revisée par les Alliés, avec une
béate impression de soulagement, ou sache ne
s'en prendre qu'à lui de la disparition de sa
prospérité de 1914. C'est trop demander à l'humanité. Ou je me trompe fort, ou l'Allemagne
sera hérissée de « denkmäler » qui seront autant
de couteaux dans ses plaies. Les Alliés subi-
ront, en échange de leur antipathie pour
l'Allemagne, l'hostilité d'une nation contrecarrée et déçue. Les neutres eux-mêmes ne
seront pas au-dessus de ces hostilités et de ces

rancunes. Le monde se livrera encore, vers l'an 1950, à des discussions passionnées sur les bonnes et les mauvaises raisons du torpillage du *Lusitania*. Il y aura, dans les souvenirs de cette génération-ci et de la suivante, une amertume qui rendra pour le moins désagréable le spectacle de tels ou tels Français, Anglais, Belges ou Russes enthousiastes, se jetant avec transport dans les bras des Allemands.

Nous pourrons en arriver à la compréhension, au pardon calme et raisonnable; mais il faudra bien soixante ou soixante-dix ans avant que les deux partis de la guerre actuelle en reviennent à des sentiments amènes. N'édifions pas d'espoirs mensongers, n'affichons pas de générosités mensongères. Ce n'est que par l'extinction d'une génération, par la mort et la disparition de ceux que la guerre aura blessés et lésés, que toutes ces haines pourront s'éteindre. Notre tâche — notre tâche nullement sentimentale — c'est de nous appliquer à établir les conditions nécessaires pour qu'elles s'éteignent ainsi. Et c'est la tâche aussi des Allemands sensés. Par derrière les barrières que cette guerre aura élevées entre l'Allemagne et l'Anti-Allemagne, les hommes intelligents, dans l'un comme dans l'autre camp, doivent préparer l'ultime paix dont ils ne jouiront pas, doivent travailler pour le jour où leurs fils pourront aller au-devant l'un de l'autre — comme eux-mêmes ne pourront jamais le faire — sans accusations et sans rancune, pour collaborer à la Paix du monde. Ce n'est pas par des protestations consciencieusement sentimentales, par des dénégations pleurardes en face d'inoubliables griefs, que cette tâche s'accomplira. Ce qu'il nous faut, ce ne sont pas des ligues pro-allemandes, pas plus que des ligues anti-allemandes; c'est de la patience — et du silence.

Cette réconciliation ultime s'impose à ma raison comme inévitable et nécessaire. Je ne ferai pas plus que je ne dois pour nuire davantage à l'Allemagne, et je ferai tout ce que je peux pour rétablir l'humanité dans son unité. Il n'en est pas moins vrai que pour moi, jusqu'à la fin de mes jours, les Allemands que je rencontrerai, les choses allemandes que je verrai, seront maculés du sang de mes amis et de mes proches, que la coupable obstination de l'Allemagne a fait couler.

TABLE DES MATIÈRES

ÉVREUX

IMPRIMERIE CH. HÉRISSEY

4, RUE DE LA BANQUE